関西学院大学神学部ブックレット 12

聖書と現代

第53回神学セミナー

関西学院大学神学部◎編

水野隆一
東よしみ
岩野祐介
淺野淳博
島先克臣
福島旭
家山華子
加納和寛
中道基夫
井上智

キリスト新聞社

巻頭言

関西学院大学神学部ブックレットは、毎年二月に行われている「神学セミナー」の講演と礼拝を収録したものです。

この神学セミナーでは、神学的なテーマを扱って学ぶということよりも、現代において神学や教会が対峙している問題、また神学や教会自身が問われている問題を取り上げ、神学者だけではなくその問題の専門家にも話を聞き、対話をしつつ神学することを目指しています。また、教会の現場からの声も聞き、現場での具体的な神学の展開を目指すものでもあります。さらに、いったいそのテーマを礼拝としてどのように表現することができるのかを試みています。

神学部ブックレットの一つ一つのテーマの上に一つの組織だった神学があるわけではありません。一つの根本的な神学を啓発するためにセミナーを開催しているわけでもありません。むしろ、現代はそういう「the 神学」というものが崩れ去った時代であろうと思います。

かといって、もはや神学に希望がないわけではありません。むしろ神学部ブックレットの各号で扱われている課題やそれとの神学的対話が一つのタイルとなり、それが合わさってどのようなモザイク画ができ上がるのかが期待される時代なのではないでしょうか。

このような神学的な試みを、ブックレットというかたちで出版する機会を提供してくださったキリスト新聞社に感謝申し上げます。一人でも多くの方が私たちの取り組みを共有してくださり、今日における神学、教会、宣教の課題を多様な視点から共に考えていただき、新しい神学の絵を描く作業に加わっていただければ幸いです。

関西学院大学神学部

目次

神学講演①（旧約聖書）

蛇は「賢い」のか「狡猾」なのか

聖書の「読み」が複数あることの意義

水野隆一

水野隆一（みずの・りゅういち）
関西学院大学神学部卒業、関西学院大学大学院神学研究科修士課程修了（1987年）。
関西学院大学神学部教授。
著書 『アブラハム物語を読む――文芸批評的アプローチ』（新教出版社）他。

はじめに

まず、個人的な経験の告白からお話ししたいと思います。創世記三章で「男と女」、あるいは、「夫と妻」が木の実を食べた時に目が開けて、何を作ったでしょうか？　多くの翻訳は「腰に巻く物」、あるいは「腰を覆う物」としています。このような訳語に慣れ親しんできましたから、ヘブライ語を読めるようになっても、「腰を覆う物」という訳語に問題を感じることはありませんでした。つまり、聖書の翻訳という解釈が既に私の中に刷り込まれてありましたので、それ以外の読み方をすることができませんでした。

ところが、この箇所について、授業の準備のために聖書を対照して見ていますと、旧約聖書翻訳委員会『旧約聖書1　律法』（岩波書店、創世記は月本昭男訳）が「腰帯」と訳し、「腰帯は正装に用いる衣装の一つ」と注を付けていました。

この「ハゴーラー」というヘブライ語は、創世記三章七節以外に、サムエル記下一八章一一節、列王記上二章五節、列王記下三章二一節、イザヤ書三章二四節、計四回使われています。この四つのうち、分かりやすいのは、サムエル記上と列王記下の箇所でしょう。サムエル記下一八章一一節では、「褒美として銀十シュケルと革帯一本」とある「革帯」です（以下、とくに断りのない場合、『聖書協会共同訳』を用います）。列王記上二章五節で、「平和なときに戦いの血を流し、腰の帯と足のサンダルに戦いの血を付けた」とある「腰の帯」です。列王記下三章二一節「武器を帯びる年齢に達している者」、直訳では「腰帯を腰に巻けることができる年齢に達した者」です。従って、これら三箇所では、戦いの時に、とくに、剣を帯びるために身にまとう「帯」であることが分かります。イザヤ書三章二四節では、「帯」も戦争に行く兵士たちが身につけているものと読むことができます。

聖書の解釈は普段読んでいる翻訳によって縛られている。研究者であっても、聖書解釈に慣れ親しんでいる者であっても、この束縛から自由でないという告白です。従って、異なる翻訳によって異なる解釈を提示された時に、そこに新しい読みの可能性が生まれてきます。ですから聖書の翻訳は数多くある方がよい、と思います。原典を読めるにしても、そして原典に関する専門書を読めるにしても、聖書の読みをできるだけ多く参照することは有益なことであると思っています。

日本語では、七つの翻訳を容易に入手して対照することができます（『聖書協会共同訳』『新共同訳』『口語訳』『新改訳２０１７』『新改訳第三版』『フランシスコ会訳』『岩波版』）。この七つの翻訳は、あらゆる解釈の可能性を検討した結果出版されているものであることは明らかです。そうすると、対照は、解釈の違いに注目するためのものであって、どれが正しいかという問題ではなくて、どの解釈を採るのかという問題になってくるということになります。

1　本文の複数の読み

聖書はご存知のように、手書きで写本で伝達されてきましたから、そこには写し間違いがありましたし、意図的な書き換えもありましたし、欠損もありました。そこからオリジナルな原文を回復することを目的とする、「本文批評」と呼ばれる研究が行われます。

創世記二―四章の中から、翻訳によって解釈が変わる可能性のある箇所を取り上げてお話ししようと思っています。本文批評上重要な箇所が二つあります。一つ目は四章八節です。

①カインの言葉（創四・八）

四章八節は、「カインが自分の弟アベルに言った」とあって、「彼ら二人が野にいたとき」と後の文章が続きます。「言った」と記される場合、必ず、後ろに話された言葉が直接引用されるはずなのですが、マソラ本文にはそれが欠けているので、七十人訳やシリア語訳はここに、「さあ、野に行こう」という言葉を補っています。『聖書協会共同訳』『新共同訳』『新改訳２０１７』の三つはこのカインの言葉を記していません。驚いたことに『文語訳』にもありませんでした。七十人訳やシリア語訳によってここに「さあ、野に行こう」を補うのは、『口語訳』『新改訳第三版』『フランシスコ会訳』『岩波版』です。『岩波版』は、括弧に入れて補ったことを明らかにしていました。つまり、私たちが手に入れられる日本語の聖書では、この箇所の本文批評上の判断が分かれているということになります。

②ヤハウェの言葉（創四・一五）

創世記四章一三節で、カインが「私のアーウォーンが重すぎて私には耐えきれません」と言いますが、ヤハウェがこれに答えて何と言ったか。レニングラード写本は「だから」と記しています。こちらの読みを採っているのが、『新改訳２０１７』『新改訳第三版』『フランシスコ会訳』『岩波版』、「いや」と七十人訳によって読み替えをしているのが聖書協会から出ている三つの訳ということになります。このようにして、単純なことですが、判断が分かれているということになります。

『新改訳２０１７』も『聖書協会共同訳』も、ここに注を付けています。聖書協会発行の聖書としては、初めてのことですが、私は歓迎すべきことだと思います。つまり本文の確定はできないという告白であるからです。底本がレニングラード写本とそれに基づく学問的校訂版ですが、それでも最終的な判断ができないという告白は極めて現代的な意義があると思っています。それは最後にお話しします。

2　訳語を巡って――ヘブライ語の特性

①カインは「土……呪われている」（創四・一一）

訳語を巡ってですが、四章一一節に、カインは「土……呪われている」とあります。この間（……）に何を入れるか、つまり、前置詞「ミン」をどのように訳すのか。土「よりも」呪われているとするのが『聖書協会共同訳』と『新共同訳』、呪われて土「から離れる」と訳すのが『口語訳』と『新改訳２０１７』、土「によって」呪われていると訳すのが『新改訳第三版』『フランシスコ会訳』『岩波版』となります。

この前置詞「ミン」は、大きな意味としては、第一に場所の起点、第二に時間の起点を表します。第三に材料、第四に動作の主体を表します。第五に比較級と、だいたいこの五つの大きな意味があるのですが、日本語聖書では、一、四、五の三つの可能性で意見が分かれたということです。これはヘブライ語という言語の特質で、最終的には確定できません。「クルアーンを翻訳するものは裏切り者」と言われますが、ヘブライ語聖書を訳す際、可能性のあるもののうちどれを採るかを選ばなくてはならない、つまり、誰かが選んだ結果を私たちは読んでいるのです。土が呪われている状態以上に呪われた存在としての人間という解釈も、呪われて追放されるという「罰」としても、土によって呪われて作物ができないこととも関係させられる、いずれの解釈も可能です。これらは三つともほとんど同じ蓋然性を持っていると言えます。従って、どれかを選ぶことそのものが正しいのか、翻訳をすることが正しいのか、ということになります。「土よりも／土によって／呪われて土から離れる」の三つを併記したいところです。

②「罪」と「罰」（創四・一三）

同様に、四章一三節でカインが、自分に与えられた「アーウォーンがあまりに重いので私にはあげることができません」と言う、「アーウォーン」を、『聖書協会共同訳』は「過ち」と訳しました。『新共同訳』では「罪」と訳しています。『口語訳』と『フランシスコ会訳』はこれを「罰」と訳しました。「過ち」というのは犯してしまった事柄そのもの、「罪」というのはそれが「罪」であると認定された状態、そして、「罰」は「罪」に対して与えられる刑罰です。ヘブライ語の「アーウォーン」は、この三つとも表します。「ミン」の場合と同じように書けば、「私の過ち／罪／罰は重すぎます」ということです。

「咎」と訳しています『新改訳２０１７』『新改訳第三版』『岩波版』は、これを日本語的になんとか解決しようとしたのだと思います。『日本語大辞典精選版』（電子版）では、「咎」という言葉にはこの上記三つの意味すべてが含まれると説明されています。ただ、「咎」と読んだ時、私は真っ先に「罰」を思いました。これは時代によって違いますし、その人が生まれ育ってきた環境によっても違います。結局、解釈の問題は解決していないということになります。

③「人」はいつから「アダム」か

些末と思われるかもしれませんが、人はいつから「アダム」なのでしょうか。ご存知のように、「アーダーム」という単語は「人」を表しますが、固有名詞の「アダム」でもあります。『聖書協会共同訳』『口語訳』『フランシスコ会訳』『岩波版』で、四章二五節「アダムは再びその妻を知った」と、後の方にしています。比較的早く使っているのが『新共同訳』で、アダムが木の間に身を隠した時（三・八）に使っています。『新改訳第三版』は三章一七節で使っていますが、四章一節では、また「人」と訳しています。興味深いのは『新改訳2017』で、二章二〇節で「アダム」を使っておいて、また「人」になって、四章二一節になって「アダム」になります。このような判断をしたのはなぜか、よく分かりません。

『岩波版』の月本は三章一七節に注を付けて、「マソラ本文の母音符号に従えば、ここ（つまり三・一七と三・二一）の『アーダーム』は固有名詞として訳すべきである」と記しているのに、翻訳では「人」と訳しています。ここには、母音符号より自分の解釈を優先させた月本の判断が何かあったはずです。その判断については記されていません。

これらのことをお話ししているのは、翻訳するとはどういうことか、その翻訳を持つとはどういうことなのか、その翻訳を教会で決めて使うというのにはどう意味があるのか、という問題を指摘したいからです。

④蛇の「賢さ」（創三・一）

さて、今日のタイトルにしました「蛇の賢さ」を巡ってです。「蛇」という登場人物が現れたところで、「アールーム」と形容されているのを、『聖書協会共同訳』『新共同訳』『新改訳２０１７』『岩波版』は「賢い」と訳し、『口語訳』『新改訳第三版』『フランシスコ会訳』は「狡猾」と訳しています。この二つの言葉から受けるニュアンスは大きく異なります。「賢い」と言われて登場する人物と、のっけから「狡猾」であると言われる登場人物については、読み手のイメージが異なります。

「賢い」、あるいは「狡猾」についてどういう解釈をしているのか手がかりになるのが、それぞれの聖書に付けられている引照だと思います。これは、必ずしも、聖書協会や日本聖書刊行会の「意図」を反映しているわけではないと思います。しかし、テクストを読む者として、こういう引照を付けてあると、どんな解釈でこの部分を読んでいるのかということが分かってくると私は思っています。これは、文芸批評的な読み方です。

興味深いことに、『新改訳２０１７』と『聖書協会共同訳』では、コリントの信徒への手紙二、一一章三節と黙示録の二箇所が共通して載せられています。逆に言えば、『聖書協会共同訳』にあるマタイによる福音書一〇章一五節が、『新改訳２０１７』にはないということになります。コリントの信徒への手紙二、一一章三節では「しかし、エバが蛇の悪だくみで欺かれたように、あなたがたの思いが汚されて、……」とありますから、蛇は悪者として扱われているということです。この注から読み取れることは、「賢い」と訳されていても悪い意味で用いられているということです。

黙示録の二箇所は共通しています。「いにしえの蛇」という言葉が出てきます。黙示録の言う「いにしえの蛇」は『聖書協会共同訳』や『新改訳２０１７』によれば、創世記三章に登場する蛇のことであるとなります。聖書で聖書を解釈するというプロテスタント正統主義の一つの立場なのかもしれません。

興味深いのがマタイによる福音書一〇章一六節です。イエスの言葉として記される、「あなたがたは蛇のように賢く、鳩のように無垢でありなさい」というこの箇所が引照としてつけられてきますと読み手は混乱します。つまり、創世記の「蛇」は、イエスが賢いと言っている「蛇」だということになります。ギリシア語の「フロニモス」いう語は、「アールーム」の七十人訳における訳語です。ここから、『聖書協会共同訳』はマタイによる福音書一〇章一六節を引照に加えたのでしょう。

「フロニモス」は、マタイによる福音書によれば「私（イエス）の言葉を聞いて行う者は皆、岩の上に自分の家を建てた賢い人に似ている」（七・二四）とか、「家の使用人たちを任された忠実で賢い僕」（二四・四五）とか、あるいは二五章の十人のおとめたちのたとえの中で、「賢いおとめ」と使われています。

ルカになるとちょっとニュアンスが変わります。「不正な管理人のたとえ」の中で、「この不正な管理人の賢いやり方」（一六・八）と使われています。パウロになると、「きょうだいたち、あなたがたにこの秘義をぜひ知っておいてほしい。それは、あなたがたが自分を賢い者と思わないためです」（ロマ一一・二五）と言います。ここで「賢い」は、賢いと思い上がっている状態、少し問題のある認識を指している言葉として使われています。マタイのように非常に肯定的な用法もあれば、パウロのように少し慎重な使い方もあることが分かってまいりました。

では、ヘブライ語ではどうなのでしょうか。「アールーム」はそれほど多く使われていないのですが、一番多く使われているのが箴言です。「賢い人は知識を隠し持つ。愚かな心は無知をさらけ出す」（一二・二三）。「賢い」と「愚かな」が対照されています。その他の箴言の箇所においても「賢さ」と「愚かさ」が並行で用いられていて、賢い方を選択するようにと言われています。一方、ヨブ記は、二回しか出てきていませんが五章一二節と一五章五節で、「悪賢い」というニュアンスを感じられます。「賢さ」に潜んでいる危うさというものをヨブ記は知っているように思います。

では、蛇は賢かったのでしょうか、狡猾だったのでしょうか。これは、この後の物語をどのように解釈するかということと深く結びついています。『口語訳』も二つの『新改訳』『フランシスコ会訳』も、キリスト教の伝統的な読みに基づいて訳を選択した感があります。つまり、この「蛇」を黙示録が言う「いにしえの蛇」と考えて解釈し、翻訳したように思えてきます。ヘブライ語聖書の箇所に新約聖書の考えを持ち込んだ翻訳をするべきかどうか。新しい方の翻訳が言葉としては中立な「賢い」を採っていると言えます。それは教義的読み込みをまずやめておこうということなのかもしれません。ただし、すべての箇所でこのような態度をとっているわけではありません。女への言葉を見てみましょう。

⑤女への言葉（創三・一六）

女への言葉については、「身ごもりの苦しみ」か「苦しみと身ごもり」かの二つの可能性があります。「苦しみと身ごもり」は直訳です。このように二語として訳しているのは、『岩波版』と『新改訳２０１７』だけです。『岩波版』の月本はここに注を付けて、「生活の上の労苦」と「出産という喜び」のことであって、妊娠の苦しみのことを言っているわけではないと断言していますす。もう一つの『新改訳２０１７』は、「身ごもり」「妊娠」に当たる語を「うめき」と翻訳しています。残る五つの翻訳はこれを二詞一意、つまり二つの単語で一つの意味を表す表現であると解釈していて、「労苦」と「身ごもり」は「身ごもりの苦しみ」という二詞一意としています。

これらを目的語とする、この文の動詞を「大いに増す」とするのか、「大きくする」とするのかで、この二つの違いがあります。そして面白いことに二詞一意を採っているからと言って「大いに増す」を採っているわけではないということになります。

「身ごもりの苦しみを大いに増す」としているのは『聖書協会共同訳』『口語訳』『新改訳第三版』、「苦しみと身ごもりを大いに増す」としているのが『岩波版』『新改訳２０１７』、「苦しみと身ごもりを大きくする」というのが『新共同訳』と『フランシスコ会訳』ということになります。ここで使われている動詞「ラーヴァー」のピエル語幹は「数を増やす」というのが本来の意味ですが、「程度をはなはだしくする」という解釈もできないことはないという意見があります。

日本語ではどうでしょうか。「増す」という日本語が、第一義には「数を多くする」ということですけれども、一方、第二義として「程度をはなはだしくする」という意味もあるという

『日本語大辞典精選版』（電子版）の記述でした。皆さまは「苦しみを大いに増す」と言われた時、苦しみの数が増えると思われますか、それとも、その苦しみの程度がひどくなると解釈されるでしょうか。日本語になっても、つまりこの複数の可能性のある状態を避けられないことになるわけです。

私は「生活上の労苦」と妊娠の数を増やそうと訳すのがよいと思います。妊娠の数が多いことはヘブライ語聖書では祝福ですから、女に対するこの言葉は、実は祝福の言葉でさえあるかもしれないという可能性を私は採りたいのですが、しかし、それが唯一の解釈でもありません。「生活上の苦悩」の方も数が増えると言っているので、単純に祝福なのかという問いをもたせます。

では、新しい『聖書協会共同訳』と『新改訳２０１７』はどのようにこの言葉を選択したのかということで、また引照を見ようと思います。共通しているのは、ヨハネによる福音書一六章二一節とローマの信徒への手紙八章二二節です。ヨハネでは、「女が子どもを産むときには、苦しみがある」（一六・二一）と言われています。これは、「信仰者がこの世で生活する時には苦しみがあるが、来るべき解放を待ち望んでその時、喜びがある」という表現の中で使われています。「出産の時の苦しみ」と解釈されています。ローマの信徒への手紙の方は、終末論的に解釈していることが分かります。女に対する言葉の中に終末論を「呼び込んでいる」と言えると思うのです。

『聖書協会共同訳』がテモテへの手紙一、二章一五節「しかし、女が慎みをもって、信仰と愛と清さを保ち続けるなら、子を産むことによって救われます」を引照箇所として挙げてしまった結果、女性の妊娠と出産についての一つの問題ある解釈を提示してしまったと言わざるを得ません。

　黙示録一二章では「女は身ごもっていて、痛みの苦しみのために叫んでいた」（二節）とあり、第一テモテ以外は、妊娠に伴う苦しみという点で共通しています。「妊娠の苦しみ」という二詞一意で解釈しているのが分かります。『新改訳２０１７』は二つの単語に分けていましたが、引照箇所からは、やはり「妊娠の苦しみ」という方を強調していることになって、先ほどの区分は訂正しないといけないことになります。

　「妊娠」を表す「ヘーローン」というヘブライ語はこの箇所でしか使われていない珍しい単語ですが、「ヨード」の文字が入るだけの別の「妊娠」を表す語「ヘーラーヨーン」はホセア書（九・一一）とルツ記（四・一三）それぞれで一回ずつ使われています。どちらも、単純に「妊娠」に言及していて、「苦しみ」という含意はないように思われます。二つは同じ語根単語ですから、この「ヘーローン」にも苦しみという含意はないと考えられます。

　もちろん、妊娠、出産には大変な労苦が伴います。しかし、「ヘーローン」や「ヘーラーヨーン」の用法を見る限り苦しみは含意されていないと思われます。引照は、それにもかかわらず、「苦しみ」のニュアンスを含ませていると言えないでしょうか。

おわりに

複数の翻訳があり、そして、それらを比較することによって、明らかになることがあります。一つは本文の確定は難しいということです。「神の言葉」は確定していない、ということです。第二に、翻訳、つまり、解釈が複数存在することが明らかになります。これは自明のことです。一種類の聖書を読み続けているということであれば一つの解釈しかないでしょう。英語圏で逐語霊感説を主張する人たちは、『欽定訳』を読み続け、他の翻訳は間違っていると考えました。ヘブライ語という言語の特質もあり、本文上の伝達の問題もあるので、唯一の正しい読みは存在しないということを、私たちは、はっきりと言うべきでしょう。これが、現代に生きる解釈者としての私の立場です。

それぞれの読み手は自分の読みを作っています。研究者や聖書翻訳に携わる人たちであっても、みんな自分の解釈をしているのです。その解釈が学問的に練り上げられたものであっても、それはその人の読みでしかありません。

聖書学は一つの正しい読みを求めてきました。どの解釈が正しいかの論争をし、本文はどれがオリジナルなのかの論争をしてきました。その努力が間違っていたとは思いませんし、これからも続けなければならないと思います。しかし同時に、複数の読みが可能であると考えるだけでなく、むしろ、必然であることを積極的に受け入れる聖書学は可能なのか。これは自らへの問いです。

聖書の読みを、研究という原理主義も含めて、原理主義的な読みから解放するような読み方をするために、複数の読みを提示することにこそ、現代における聖書学の役割があるように思います。意識的に「開かれた」読みを求めるのが、現代的な聖書の読み方だと考えています。そして、これらの優れた翻訳を、自らの第一言語で読むことのできる者として、「開かれた読み」を促されているような気がするのです。

神学講演②（新約聖書）

新約聖書と現代の神学

東よしみ

東よしみ（あづま・よしみ）
1979年生まれ。国際基督教大学教養学部卒業、東京大学大学院総合文化研究科修士課程修了、同博士課程単位取得退学。エモリー大学大学院宗教学研究科博士課程修了（Ph. D.）。

はじめに

この後のシンポジウムのテーマである聖書協会共同訳のパウロ書簡の翻訳には、これまでの翻訳からの大きな変更が見られます。いわゆる「キリストのピスティス」と呼ばれる問題に関する今回の大きな変更は、現代の新約聖書神学の研究動向を反映するものです。まず、聖書箇所を確認しますと、ピスティスを規定する属格の解釈が問題となるパウロ書簡の箇所は、以下の七カ所となります。

イエス・キリストのピスティス　ロマ三章二二節、ガラ二章一六節、三章二二節
イエスのピスティス　ロマ三章二六節
キリストのピスティス　ガラ二章一六節、フィリ三章九節
神の子のピスティス　ガラ二章二〇節

以上の名詞の属格がピスティスを規定する用例とともに、「彼のピスティス」と人称代名詞がピスティスを規定するエフェ三章一二節の用例も付け加えることができます。これらの用例は通常まとめて、「キリストのピスティス」の問題と呼ばれます。

これまで、「キリストの」という属格を目的語／対格として訳すか、主語／主格として訳すか

という大きく二つの立場に分かれ、論争が繰り広げられてきました。今回、聖書協会共同訳は、主格と解釈する説を初めて本文で採用しました。この説は、特に日本とアメリカにおいて支持者を増やしてきており、私自身もこの説をとります。

この問題について初めて聞かれる方も多いと思いますので、今日の講演では、まず、二つの異なる説をそれぞれ簡単に説明します。そして、主格として解釈する説を支持する新約聖書における箇所を確認します。その上で、解釈が分かれる問題箇所の中から、ガラテヤ書とローマ書の用例を取り上げて、新しい翻訳をこれまでの翻訳と比較していきます。最後に、新しい翻訳について簡単な問題提起をして終わります。

1　対格説と主格説

まず、目的語／対格的属格と呼ばれる説は、キリストのピスティスを「キリストに対する信仰、キリストへの信仰」、つまり人がキリストに対して持つ信仰として解釈します。この講演ではこれを「対格説」と呼ぶことにします。ルターの信仰義認論はもちろんこの対格説の立場ですし、これまでのほとんどの翻訳はこちらの説をとってきました。この説をとるならば、人が義とされるのは、キリストを信じる人間の信仰によることになります。

それに対して、キリストのピスティスを「キリストが持つ信仰、キリストが示す信仰」として解釈する立場は、主語／主格的属格と呼ばれます。この講演ではこれを「主格説」と呼びます。

信じる主体は、信仰者である人ではなく、キリストです。さらに、聖書協会共同訳は、主格説をとった上で、ピスティスを「信仰」ではなく「真実」と訳します。この「真実」は、抽象的な真理ではなく、「信頼できる性質」「誠実」に近い意味があります。ピスティスにはこの後見ていきますように、多義的でさまざまな意味合いがあります。主格説をとるからと言って「真実」という訳語を採用しないといけないわけではありません。主格説ではこれまで、「信仰」「真実」という訳語の他に「誠実」「信」「信実」などの訳語も提案されてきました。

キリストが神に対して示した信仰／誠実とは、キリストが、十字架の死に至るまで神の御旨、御心、救済計画を信頼し、この神の御心に対して従順であり誠実であったということを意味します。注意していただきたいのは、この神への信仰／誠実は、人を救う神の救済計画に対する信仰／誠実であり、それは同時に、神の救いの対象である人へのキリストの誠実をも含意します。つまり、キリストの信仰／誠実の対象は、神と人の両者を含みます。

主格説をとる場合、日本では、「キリストの信仰／誠実」の対象が「神」か「人」か、というさらに二つの型に分けて議論される場合があります。しかし、私は、この二つの型を厳密に区別して考える必要はないと思います。キリストの「人」への誠実は、人を救う「神」に対するキリストの誠実と切り離して考えられているものではなく、キリストの「神」への誠実の中には、「人」への誠実も含まれているからです。

主格説をとる場合、人が義とされるのは、キリストが十字架の死に至るまでに示した神への信仰／誠実によるということになります。つまり、人のキリストに対する信仰に先行して、キリストが示された信仰／誠実によって、人は既に義とされる、救いが達成されていると考えます。救いは人間が信じるか否かの前に、既に達成されている。このような考え方は、すべての人が救われるという万人救済説的な考え方につながります。実際、パウロはロマ九―一一章で、ユダヤ人、ギリシア人、すべての人が救われると述べて、万人救済説に非常に近い論理を展開します。

2　主格説を支持する聖書箇所、先行研究

次に、主格説のこのような考えを支持する聖書箇所を簡単に見ていきます。まず、ガラ一章四節では、キリストは、神の御心に従って、私たちを救い出そうとして、私たちの罪のために御自身を献げてくださった、と言われます。私たちの救済は、キリストの十字架によって達成されると考えられています。次に、フィリ二章八節では、キリストは、十字架の死に至るまで神の御旨に対して従順であったと述べられ、一〇―一一節ではすべての者がイエスの御名にひざまずき、「イエス・キリストは主である」と公に述べるとされます。つまり、キリストの十字架の死に至るまでの従順によって、すべての者が救いに至るとされます。また、ロマ五章一八節では、一人の罪、つまりアダムの罪、不従順によって、多くの人に有罪の判決が下されたことと比較して、一人の正しい行為、つまりキリストの正しい行為によってすべての人が義とされて命を得る、と言われます。さらに、一九節では一人の人の不従順によって多くの人が罪人とされたように、一人の従順によって多くの者が正しいとされる、と述べられます。すべての人の義認は、キリスト

の正しい行為、キリストの従順によるのだとされ、これはアダムの不従順と比較されます。最後に、ヘブ五章八―九節では、キリストは従順を学ばれて完全な者となられ、御自分に従順なすべての人々に対して救いの源となったと言われます。人間の救済は、キリストの従順によるのです。このように、パウロ書簡とヘブライ書には、キリストの十字架の死に至るまでの神への誠実、従順によって、すべての人が義とされ、救われるという考えが見られます。このような考え方が主格説を支持するものです。

これまで、対格説と主格説という主に二つの立場に分かれて論争されてきましたが、長い間、対格説が圧倒的に優勢でした。主格説を改めて説得力ある仕方で展開した研究が、アメリカの研究者リチャード・ヘイズによる『イエス・キリストの信仰――ガラテヤ三章一節―四章一一節の物語下部構造』です。この本には、この論争の研究史がまとめられているセクションがあります。元々、この本は、エモリー大学に提出された博士論文で、一九八三年に出版されましたが、第二版は二〇〇二年に出版され、日本語に翻訳されています。第二版の補遺には、対格説をとるイギリス人の研究者、ジェイムズ・D・G・ダンによるヘイズへの批判の論文、ヘイズによるダンへの応答も、収録されています。また、対格説をとるダン自身の著作、『使徒パウロの神学』も、浅野先生が最近翻訳されていますので、興味のある方はそちらもご参照ください。

3 「キリストのピスティス」のガラテヤ書とローマ書における用例

次に、問題箇所の中でガラテヤ書とローマ書における用例を実際に見ていきます。まず、ガラテヤ書の用例を見ます。ガラ二章一六節は信仰義認論で重要な箇所ですが、対格説をとる新共同訳は次のように訳します。「けれども、人は律法の実行ではなく、ただイエス・キリストへの信仰によって義とされると知って、わたしたちもキリスト・イエスを信じました」。律法の実行ではなくイエス・キリストへの信仰こそが義とされるための唯一の手段だと知ったから、私たち人はイエス・キリストを信じた、とされます。ここでは義認は、人の信仰、「信じる」という行為によって達成されます。それに対して、主格説の聖書協会共同訳は、「しかし、人が義とされるのは、律法の行いによるのではなく、ただイエス・キリストの真実によるのだということを知って、私たちもキリスト・イエスを信じました」と訳します。律法の行いと対比されるのは、人間の信仰ではなく、イエス・キリストが示した真実／信仰です。人の信仰に先立って、まず、イエス・キリストの真実／信仰があり、そのイエス・キリストの真実／信仰によって人は義とされる。そのことを知って、私たちはキリスト・イエスを信じたのです。

しばしば誤解されるのですが、主格説は、人間のキリストに対する信仰は不必要であると主張するわけではありません。パウロがここで「私たちもキリスト・イエスを信じました」と述べる通りです。ただし、この私たち人間の信仰は、義認のための手段や条件ではないのです。人間の信仰に先行するキリストの信仰によって、まず、人は義とされているのであり、私たちのキリストへの信仰は、キリストの信仰に対する応答として生じているのです。

続いて、ガラ二章二〇節を見ましょう。新共同訳は次のように訳します。「生きているのは、もはやわたしではありません。キリストがわたしの内に生きておられるのです。わたしが今、肉において生きているのは、わたしを愛し、わたしのために身を献げられた神の子に対する信仰によるものです」。聖書協会共同訳は、後半部分を「（……）私が今、肉において生きているのは、私を愛し、私のためにご自身を献げられた神の子の真実によるものです」と訳します。対格説をとるか、主格説をとるかで、今私が生きているのは、「私の神の子に対する信仰」によるのか、あるいは、「神の子ご自身の真実／信仰によるのか」という根本的な違いが生じます。この箇所では、キリストが私の内に生きている、と強調され、キリストが主語であることを考えると、主格説の〈私が今生きているのは、私のために身を献げられた、神の子の真実／信仰による〉という考えは極めて説得力があります。もちろん、「身を献げられた」と言われるわけですから、ここでは十字架死が考えられています。神の子が人間のために、十字架にかかって身を献げた。この神の子の真実／信仰によって、今私は生きている、キリストが私の内に生きているとされます。

　次にガラ三章二二節を見ます。「しかし、聖書はすべてのものを罪の支配下に閉じ込めたのです。それは、神の約束が、イエス・キリストへの信仰によって、信じる人々に与えられるようになるためでした」（新共同訳）。「しかし、聖書はすべてのものを罪の下に閉じ込めました。約束がイエス・キリストの真実によって、信じる人々に与えられるためです」（聖書協会共同訳）。新共同訳のように対格説をとる場合、約束は、信仰者のイエス・キリストへの信仰によって信じる者に与えられた、となります。約束が「信仰者の信仰によって信じる者に与えられた」とは、よく考えると意味が重複し、流れがスムーズではありません。また約束は、人間の信仰を条件として与えられたことになり、無償で与えられたものではなくなります。それに対して、主格説の場合ですと、「約束は、イエス・キリストの真実によって信じる者に与えられた」となり、流れはよりスムーズになります。

さらに聖書協会共同訳のガラ三章二三―二六節では、属格を伴わない、いわゆる「絶対用法のピスティス」と呼ばれるピスティスもすべて「真実」と訳されます。この箇所以外の他の箇所では絶対用法のピスティスは「信仰」と訳されていて、五章五節以降、「信仰」に戻ります。三章二三節の初めの「真実」には脚注がついていて「信仰」という別訳が記されていますが、二三b―二六節で四回使われる「真実」には別訳はついていません。これはちょっと分かりにくいように思います。この二三b―二六節における「真実」はすべて「信仰」とも訳されるということは、より明確な形で示した方が親切でしょう。

次に、ローマ書を見ていきます。対格説をとる新共同訳は、三章二二節aを「すなわち、イエス・キリストを信じることにより、信じる者すべてに与えられる神の義です」と訳します。つまり、ここでは、神の義は、イエス・キリストへの信仰によって、信じる者すべてに与えられるのです。他方、主格説の聖書協会共同訳は「神の義は、イエス・キリストの真実によって、信じる者すべてに現されたのです」と訳します。主格説によれば、イエス・キリストが示した神と人への真実／信仰によって、神の義は、信じる者に啓示されたのです。

続く三章二三―二四節では、「キリストのピスティス」は使われていませんが、大事な考えに言及されています。「人は皆、罪を犯したため、神の栄光を受けられなくなっていますが、キリスト・イエスによる贖いの業を通して、神の恵みにより価なしに義とされるのです」(聖書協会共同訳)。「価なしに」は、新共同訳では「無償で」と訳されます。人は「価なしに」「無償で」義とされるというこの考え方は、主格説の考えとつながります。人は、「信じるから」「信仰をもっているから」義とされるのではなく、私たちが信じるか否かに先立って、十字架の贖いの業を通して、「価なしに」「無償で」、義とされているという考えです。

三章二六節では、「イエスのピスティス」が、信仰者との関連で語られます。対格説をとる新共同訳は、「(……)今この時に義を示されたのは、御自分が正しい方であることを明らかにし、イエスを信じる者を義となさるためです」と訳します。「イエスを信じる者」と訳されたギリシア語を直訳すると「イエスのピスティスからの者」となります。対格説では、これを「イエスへの信仰」から生きる者、つまり、「イエスを信じる者」と訳しますが、では、なぜこのようなまわりくどい表現をするのか、という疑問が残ります。主格説をとる場合、「イエス自身の真実/信仰」からの者、すなわち、イエスの信仰から生きる者、イエスの信仰に基づいて生きる者という意味になります。聖書協会共同訳は、これを「イエスの真実に基づく者」と訳します。イエスの真実/信仰に基づいて生きる人という意味になり、これは良い訳だと私は思います。神は、十字架の死に至るまで示されたイエスご自身の真実/信仰を基盤として生きる者を義とされるのです。

「イエスの信仰を基盤として生きる者」は、事柄を突きつめて考えますと、「イエスを信じる者」と大きく意味が変わらないかもしれません。しかし、重点は、信じる「私」ではなく、「イエスの信仰」にあります。キリスト者は、イエスが示した信仰／誠実によって、そこから生きている者、生かされている者であるという考えは、先ほどの、もはや私が生きているのではなく、キリストが私の内に生きているというガラ二章一六節の考えと合致します。

また、ローマ書では、「神のピスティス」（三・三）、「イエス・キリスト／イエスのピスティス」（三・二二、二六）、「アブラハムのピスティス」（四・九、一六）という三種類のピスティスが語られます。これまでの翻訳では、「神のピスティス」、「アブラハムのピスティス」は主格として解釈されてきましたが、その間に言及される「キリストのピスティス」だけが対格として解釈されてきました。これはおかしいということが主格説の立場から指摘されています。さらに、対格説が主張するように、もしパウロが「キリストへの信仰」を語っているのであれば、なぜ、キリストへの信仰を示すのではないアブラハムの信仰がここで事例として挙げられているのか、うまく説明することができません。しかし、主格説をとって、キリストの神への信仰と解釈するならば、同じ神への信仰を示す、アブラハムの信仰がここで事例として言及されている理由は明確になります。

4　多義的なピスティス

最後に、ピスティスという用語は、さまざまな意味を含む多義的な用語で、信仰、信頼だけでなく、誠実、真実という信頼に価する性質をも指します。さらには、最近の研究では、信じる者と信じられる者との間に成立する信頼関係という関係性そのものを指す概念であるということも指摘されています。この点に関しては、浅野先生が執筆されたガラテヤ書の註解書をご覧くださ い。ピスティスが、お互いに信頼し合い、誠実を示し合う信頼関係という関係性そのものを指す概念であるならば、主格説と対格説は必ずしも対立的に捉える必要はないということになります。ピスティスは、人のキリストへの信仰と、キリストの神／人への信仰／誠実を同時に意味することも可能になります。ただしその場合も、人のキリストへの信仰よりも先にキリストの信仰があり、それに応える形で人の信仰が生まれている、という順序は重要になります。

おわりに

最後に、聖書協会共同訳の訳語に対して、簡単な問題提起をしたいと思います。聖書協会共同訳は、新約聖書学の最近の研究成果を反映して、主格説を採用し、さらに、「信仰」ではなく「真実」という訳語を採用するという大きな変化を示しています。

繰り返しになりますが、主格説を採用する場合は必ず「真実」という訳語を採用しないといけないわけではありません。「真実」という訳語は、意味が「信仰」から大きく離れ、抽象的な「真理」と誤解されやすい、「信じる」の「信」という文字がないために、動詞「信じる」の名詞形ということが分からないという欠点があります。私は、個人的には「信仰」という訳語の方が良いのではないかと思います。人間の信仰の根本には、まずキリストが示された神への「信仰」

がある。人間が義とされるのは、「信仰」は「信仰」でも、私の「信仰」ではなく、キリストの「信仰」によるのだ、ということを、「信仰」という訳語を使った方がより大きなインパクトをもって示すことができるのではないかと思います。聖書協会共同訳では「真実」という訳語が採用されている以上、これは、「信仰」と同じ原語で、信仰／誠実／真実という意味内容を持つ、ということを広く伝えていく必要があるかと思います。

主格説への変更は、大きな神学的変化を伴うものです。繰り返しになりますが、主格説は、私たち人間の信仰が必要ないと主張しているわけではありません。私たちの信仰よりもまず先に、キリストの信仰／誠実があり、キリストの信仰によって私たちが義と認められる。そしてそれによって私たちが生きている、生かされている。キリストが示された信仰に応えて、私たちも神に信頼することが求められています。私たちの信仰よりも、まず先に、キリストの信仰があり、私たちはキリストの信仰によって義とされる。まさに福音ではないでしょうか。

注意していただきたいのは、主格説は一つの解釈であって、対格説も十分に成り立つということです。この後、何十年後の次の翻訳では、対格説に戻っているかもしれません。私たちは、聖書の一つの翻訳を絶対視することなく、一つの解釈として理解し、それぞれの翻訳が持つ長所や短所を客観的に見る必要があると思います。

キリストの信仰なのか、キリストへの信仰なのか。これはキリスト者のアイデンティティーの根幹に関わる重要な問題です。今日、初めてこの問題を聞いた方々は、主格説が提起している重要な問題提起に耳を傾けて、この問題について自分の考えをじっくりと深めていただけたらと思います。

参考文献

浅野淳博『ガラテヤ書簡』NTJ新約聖書注解、日本キリスト教団出版局、二〇一七年。
ジェイムズ・D・G・ダン著、浅野淳博訳『使徒パウロの神学』教文館、二〇一九年。（対格説）
リチャード・ヘイズ著、河野克也訳『イエス・キリストの信仰――ガラテヤ三章一節―四章一一節の物語下部構造』新教出版社、二〇一五年。（主格説）

神学講演③（歴史神学）

日本と聖書、日本語と聖書の言葉

岩野祐介

岩野祐介（いわの・ゆうすけ）

関西学院大学神学部教授。

1971年生まれ。京都大学文学部卒業／同大学大学院文学研究科思想文化学科修士課程キリスト教学専修（文学修士）／同研究科後期課程キリスト教学専修単位取得退学。

博士（文学）：京都大学 。

主著 『無教会としての教会——内村鑑三における「個人・信仰共同体・社会」』（教文館、2013年）。

本日のタイトルは「日本と聖書、日本語と聖書の言葉」とさせていただきました。聖書の翻訳がどう成り立つか、聖書の言葉をどう日本語に置き換えるか、という問題から始めたいと思います。置き換え可能な言葉や概念が訳す先の言語にあれば、置き換えればよいのです。ない場合は、新しい言葉を作らねばなりません。これが、元の聖書の言葉の意味にぴったり合っていればいいのですが、ズレやギャップがあるかもしれないのです。

鈴木範久は、聖書の訳文に関する日本での論点が主に三つあると書いています。[1]

まずは「ただしさ」、これは元の聖書の言葉が正しく訳されているのかということです。

次は「わかりやすさ」、日本語の言葉になった時に、日本語として、何を言っているのか分かるかどうか。

もう一つ鈴木範久が挙げているのが、「ありがたさ」です。礼拝で用いられますから、言葉の響きにありがたさを感じられるかどうかは重要です。聖書での表記が「洗礼（バプテスマ）」であったとしても、それが礼拝の中で「センレイ、カッコバプテスマ、カッコトジル」と朗読されることはないのではないでしょうか。翻訳上、浸礼を採用する教派の方と議論して「文字としては洗礼、ルビとしてはバプテスマ」となったのだと思います。しかし、それを表記通りに読んで、礼拝で求められる「ありがたい」雰囲気に合う読み方、響きにはならないように思うのです。

分かりやすさを求めるのであれば、日常語に近い方が分かりやすいかもしれません。しかし、それを礼拝で使えるかといえば、別問題です。聖書そのものも、礼拝式文なども、現代的な分かりやすい言葉遣いになると、響きのニュアンスが変わっていくことがあります。明治期の訳であれば、宣教師たちは分かりやすさを主張するけれども、侍階層出身の日本側の協力者たちは、荘重な文章であること、荘厳な響きが大事であると言っています。

こうして日本語訳された聖書は、日本の文化や社会に大きな影響を与えてきました。例えばヤハウェ、イエスの父なる神は「神」と訳され、アガペーは「愛」と訳されています。この訳語としての「神」や「愛」が、元の日本語における神や愛の概念を変える作用をもたらしたのではないか、と鈴木範久は指摘しています。たとえば、「隣人愛」のような愛という概念は、日本語にはありませんでした。幕末から明治にかけて、「愛」は、セクシュアルな、エロティックな言葉であったのではないか。礼拝というまじめな場で、そのようなエロティックな言葉を聞くと驚いたのではないかと思います。しかし愛という言葉の響きは、「隣人愛」や「神の愛」といった言葉から、「愛国」、「郷土愛」といった表現などによって、変わってきたのです。

それでも、教会に初めて来た子どもは、「愛」が連呼されると、「!?」と思うかもしれないですね。教会でも用いられる言葉のニュアンスが教会の外とは違っているかもしれないという感覚を忘れてはいけないようにも思います。この神学セミナーというある意味で特殊な場から一歩外に出れば、「神」と言ったときに、広田神社の神様のことを思う人もいるかもしれませんし、当たり前のようにキリスト教の神様とはならないのではないでしょうか。

例えばキリスト教の神様、God は「神」なのか。ご存知の方も多いとは思いますが、プロテスタントが聖書を漢文に訳そうとした時に、God を「神」と訳すか、「上帝」と訳すか、という長きにわたる論争と対立が生じました。この背景にはアメリカ系宣教師とイギリス系宣教師の対立があったのです。(2)

とはいえ、「神」に反対の人たちも、「上帝」に反対の人たちも、それぞれに説得力のあることを言うのです。

上帝がよい、神はよくないという理由は、以下の通りです。

中国語で「神」という字は見えない存在（invisible being）であって、中国では一般的な spirit の意味に解されているので、唯一の神、創造主としての神の訳にはそぐわない。いつも神、spirit が礼拝の対象になるわけではないし、良い spirit にも悪い spirit にも「神」が使われる。また神は人の所有する spirit としても用いられる。「精神」や「神経」等ですね。そうすると、諸々の spirit を意味する「神」という語を用いて「唯一の神」と言うのは間違いになってしまう。また、God を「神」と訳すと、英語の聖書で spirit と書かれている部分を訳す時に「神」という語を使えなくなってしまう、という不利益も指摘されたそうです。

なお、ローマ・カトリックの翻訳では God は天主であり、spirit を神と訳しています。その影響も行き渡っている。以上のような理由より、「上帝」の方がよい、という主張です。

これに対して神がよい、上帝はよくないという立場の主張は、何といっても上帝に政治的な役職の響きがある、ということです。中国の皇帝が上帝と呼ばれてきている。「天の支配者」、「至上の支配者」であるGodに対して政治的な役職の響きがある語を使うと、神を理解する上で影響してしまうだろうと言うのです。また上帝には至上の支配者という意味以外に、「五天の五帝」の意味もある。中国の宗教においても意味があるということです。知識階級にとって「上帝」が「至上の支配者」と理解されるとしても、一般庶民が上帝と聞いたらキリスト教から見て異教的な偶像を想像してしまうのではないか。中国、台湾の廟でまつられる「神像」のようなものを表してしまうのではという意見です。

無責任な評価をしますと、両方に一長一短あると言わざるを得ないと思います。結局この論争では、双方一致できませんでした。「神」「上帝」と訳されている聖書をそれぞれ別に刊行することになったとあります。

では、なぜ日本では「神」と訳されているのか。鈴木範久は、日本の聖書翻訳が「神」を主張するアメリカの宣教師主導だったからだと説明しています。実際、「神」訳を採用した、「ブリッジマン・カルバートソン訳」と呼ばれるアメリカ聖書協会が刊行した漢文聖書が、聖書が日本語に訳される前に、武士階級の若者たちによく使われたものの一つだったのです。

日本に「上帝」を用いた例がないわけではありませんが、だんだん、「神」という訳語が圧倒的に多くなっていきます。当時の日本で「上帝」というとどのように聞こえたのでしょうか。「上帝」訳が採用されていれば、日本では天皇制との関係で「上帝」という語が問題にされたのかもしれません。

「上帝」には中国の民間信仰の神様のイメージが、「神」という語には神社の八百万の神様のイメージがあるかもしれません。では、「主」という語はどうでしょうか。

実はこの「主」とは何か、ということを、私自身少し前から気になっていたのです。特に東アジア、中国や韓国の思想、文化を研究している方々とお話をする時、儒教的背景をよく理解していない私は、「主」という語のニュアンスをきちんと捉えられていないのではないかと感じるのです。私は、「主」を単なる神様の呼称の一つのように感じており、「主」という言葉の中身を感じていないような気がします。

「父なる神」の「父」にも同じような問題があるかもしれません。

何の疑問もなく「父なる神」、「父」と言ってしまってよいのか、ということについては、問い直しがなされてきています。

もちろんイエスご自身、聖書の中で、「父なる神」と言っておられます。イエスが子なる神ですから父と呼ぶこと自体はおかしくはありません。とはいえ、我々にとってそれは、神様を「父」に譬えるということになります。本来、神様が具体的に父であるわけではないですし、具体的な私の父親は、人間であって神ではないのです。

「父なる神」という言い方をすると、神に具体的、生活感覚的な父、私にとっての私の父、というイメージを重ねてしまうことにならないか。これについて捉え直すことが必要ではないか、ということなのです。父権制、家長制は、特に日本の場合、天皇制国家体制と結びついて、さまざまな問題を生んできたにもかかわらず、それを正当化する方向にキリスト教を用いてしまうことにならないでしょうか。

このような疑問に対して、「父なる神」という表現こそが、父権的なものを批判的に捉え直すきっかけにもなりうるのではないか、という見解もあります。

例として、同志社大学の小原克博先生の論文を挙げました。[3] 大体次のような内容です。

聖書は男性中心的な視点で書かれているのではないか。あるいは、「父」とは子に対する父ですが、そうすると「子」は、若い者、年下のもの、幼いもの、力のないものであり、子は父の言うこと、父の教え、父祖たちの教えにおとなしく従うべきであるということにされてしまわないか。

それに対して、面白いのは、イエスの「アッバ、父よ」という呼びかけが、そのような恐ろしい、厳しい、権威的な父、という関係を壊し、ずらしているのではないかと指摘されていることです。「アッバ、父よ」という言葉の持つ親密性には、権威性や父性に捉われない神との根源的な信頼関係が前提にあるのではないか、イエスにとっては神の国が近いように、神は近くにいる存在であり、イエスが「神の御心を行う人こそ私の兄弟姉妹また母なのだ」と言う時に、固定的で権威的な家族関係は解体され、新しい家族としてのメタファー共同体が成立しているのではないか。イエスのように我々も「アッバ」と呼べるとしたら、それは家父長的モデルを追認するのではなく、家父長的に規定された「子は親に従わねばならない」という考え方を異化し、その束縛から自由にさせてくれるものではないか、という考え方なのです。

ところが、このような新しい考え方も、キリスト教会が国家と結びつき社会の主流をなす宗教になると、「父なる神」は伝統的家父長制度に取り込まれ、王権や家父長の権威を神聖化するために用いられるようになったのではないか。そうであるならば、変革者としてのイエスが「アッバ」と呼んだことの意味を取り戻さねばならないでしょう。

では、「主」という語はどうでしょうか。「父」に対しては「母」か、と思いますが、「主」に対しては何でしょうか。主観に対して客観と言いますけれども、神様が主で我々は客でしょうか。少し違うようにも思います。

一般の漢和辞典を見ると、「主」には結構たくさんの意味があります。大修館書店の『新漢和辞典』[4]からの引用ですが、「ぬし、あるじ、一家の長、戸主、仕える相手の人、主人、もちぬし、所有者、地主、客を迎える人、主客、きみ、主君、かしら、おさ、つかさ、支配者、謀主、盟主、天子のむすめ（公主）、みたましろ、神霊の宿る所、位牌、神主、木主」等色々あって、「キリスト教の天の神、カトリックの訳語で出てくる天主」等も出てきます。

アドナイ、キュリオスが英語のLordを経て「主」と訳されていることを考えますと、「ぬし、あるじ、きみ、おさ」といったところでしょうか。

そこで浮かんでくるイメージは、指導するもの、主宰するもの、支配するものではないでしょうか。それに対して「主」と呼ぶ側は、支配、指導されるものであり、従属するものということになるかと思います。

しかし、率直に申しまして、私自身はそこまでの重みを「主」という言葉に、少なくとも現時点では感じておりません。「父」のような具体性を「主」という言葉には感じません。だからといって、「主」という言葉により表現される神様の属性、特徴、性質について全然考えないのも、あまりよくないでしょう。

そこで、日本キリスト教史から「主」という言葉の理解をさぐってみたいと思います。

一人目は海老名弾正です。晩年の海老名の回顧録「我が信教の由来と経過」には、海老名がキリスト教に入信したての時期にどう考えていたか書かれています。

「子供の時教へ込まれた忠君、頭の先から足の爪先まで教へられていた其考が、大名の無くなつた為に、対象を失つて居た。(中略)それが神の命を聞いて動くものとなつた。(中略)神を主君として私の職分を自覚した時、初めて良心がオーソリティーを得た」[5]。

これは面白い指摘です。良心というものは、無条件に、直観的に正しさを判定できるという機能のように思います。しかし、それはお前の良心が勝手な判断をしているだけではないのか、と言われないために「何によって良心があるのか」、という根拠が必要となる。「神」というオーソリティーが良心に対して与えられた、これには意味があるのだと言っているのです。「非常に嬉しかつた。これは私の生涯における新生である」と海老名は言っています。

ただし、これが海老名の神理解の、到達点ということではありません。海老名は、「けれども未だ天の父と仰ぐ心にはなれなかつた」[6]と続けています。「神に信頼する赤子の心情で無くして、神は君で、私は臣である。君臣の道徳的関係である。従つて私は忠臣として神に仕えんとした」[7]。その後、海老名の神理解は「主」から「父」の方に向かっていきます。

海老名は、神に至る道はただ赤子の心である、ただ、赤ちゃんが親に抱かれている時の「本当の安心感」、すべてを任せきって大丈夫という感じが信仰だ、と理解するようになるのです。赤ん坊のようにというと、罪はあるのかないのか、あるいはパウロが言うように信徒として成長し大人になるということをどう考えるのか、という議論にもなってしまうのですが、海老名が言っている、「すべてをお任せできるような」親のイメージ、というものは分かる気がします。そうなると、「主」という理解は、海老名が本当に求めていたものではなかったのでしょうか。

もう一人、内村鑑三を見てみましょう。内村が「パウロの信仰　哥林多前書研究の発端」という文章で述べている内容です。

この文章は第一コリントの一章の一節から三節までの注解です。ここでの「主イエスキリスト」という称号は、「主・イエス・キリスト」、という三称が相連なって救い主の性格に対する信者の信仰が示されている、というのが内村の主張です。

まず、「イエス」は歴史上のイエス、ヨセフの子としてマリアの腹より生まれ、ポンテオ・ピラトの時に十字架につけられて死んだイエス。

また、「キリスト」とはイスラエルの、ユダヤの救い主、預言者が待ち望んだ神の子である、とされています。

次に、「主」は、「復活せるキリストの称号である[8]」と内村は解釈・説明しています。「主」は人類の王にしてその救い主なのです。

「『主イエスキリスト』と唱へて信者はイエスを選民の理想[9]」だけではなく、「万民の救主として認むるのである[10]」。

イエスはキリスト、すなわちユダヤ人の救い主・メシアであるにとどまらず、人類すべての生きる救い主である。その意味が「主」に込められている、パウロはそう理解していたのだ、と内村は主張し、それは自分たちにとってもそうなのだ、と言っています。

当時議論が盛り上がっていたと推測される「歴史的イエス」ではなく、死よりよみがえり、今なお生きて人の間に働きたもう霊なる神イエスが主である。Living Universal Lord である。生きて、万民、あるいは Universal ですから人間だけではないかもしれない、宇宙全体の主なのだ、そういう視点から述べているのです。

また信者とは何か、ということに関してもそこに示されている。イエス・キリストにありて清められたものであり、召されて聖徒となったものであり、イエスをキリストとして、「主」としてその名を呼ぶものである、と内村は言っています。道徳・慈善を推し進める、イエスの人格に学ぶ、人類を進歩させる、そういったキリスト教理解ではなくて、イエス様を「主」として、神の子として信じるのが「エクレシア・教会」だと内村は言いたいのです。

この文章を通して内村は、「主」とは人類すべての、あるいは宇宙すべての主であると主張しています。自分たちだけの「主」、自分だけの「主」、あるいは日本の「主」、そういうことではなく、神であり人であり、人であり神であり、それが「主イエスキリスト」という言葉に込められていて、そこが大事なのだと内村は述べようとしているのではないかと思われるのです。

こうやって見てまいりますと、新しい翻訳が出た、で終わってはいけないのだと思わされます。内村が「主」という言葉を通して、イエスはすべての人の救い主であると主張したように、それによって何を言おうとしているのか、ということが大事なのですね。

父なる神の「父」でも、父と訳すことにどのような影響があったのか、それが良かったのか悪かったのか。悪かったとしたら、今後はどう変えていこうとするのか。それが重要ではないでしょうか。

そういう意味で、翻訳は解釈だということですし、我々がそれを読み、あるいは説教を聞くときにも解釈が生じるということだと思います。

そして、その解釈が、自分に都合のいい勝手な読みとどう違うのか、ということが問題になります。しかし、どのような解釈をするにせよ、そこには書物としての聖書が存在しています。聖書に書かれていることについては、理解、解釈の歴史があります。一人では自分勝手になりがちかもしれませんが、それらを踏まえて、色々な人と話し合いながらともに聖書を読むということであれば、勝手な思い込みにはなりにくいのではないでしょうか。

聖書は、基本的には書かれた当時の書かれた地域の人々に向けられています。旧約はユダヤの人たちに、ローマの信徒への手紙はローマの信徒に向けられて書かれています。二一世紀の西宮の信徒に向けて書かれた手紙ではないのですから、二一世紀の西宮で読んでいる我々は、何が違うのか、どこが違うのか、にもかかわらず共通するものは何なのか、それらを考えずに読むわけにはいかないですね。

聖書を学ぶ、ということについて、興味深いエピソードがあります。内村があるとき、弟子の一人、石原兵永に「君はまだ塚本（虎二：引用者注）のギリシヤ語会をやっているのか[11]」と問うたそうです。塚本虎二は無教会主義キリスト教の指導者の一人です。続けて内村は、「あれはよい事をしたかも知れぬが、信仰のためには必ずしもよくはなかった。信仰を知識のこととした。これは失敗であった[12]」と言ったというのです。

当時塚本虎二は若く、聖書をギリシア語で読むような知的な人物であり、若者が塚本の解釈や話にひきつけられていくという状況があったようです。年老いていく内村は、ジェラシーのようなものを塚本に感じてもいただろうとも言われています。ですから、この言葉を額面通りに受け取らなくてもよいかもしれません。

しかし、新約聖書をギリシア語で、あるいは旧約聖書をヘブライ語で、原語で読んでいるからといって、日本語訳でしか読めない人たちよりも深く理解している、等と思うとすれば、それはやはり思い上がりです。

このことは、聖書を読んでいたら、自動的に信仰がわいてくるのか、身に付くのか、という問題とも関連しているような気がします。聖句を覚えていったら、自動的に信仰が深まるのでしょうか。どれくらい、何回聖書を読めば、信仰が、理解が深まるのでしょうか。そんな便利なことがあれば苦労はしません。信仰をもって読むからこそ、聖書は聖書であるのです。では、その信仰は、どこから出てきているのでしょう。

信仰をもって読む、ということの中は、私の信仰理解に影響を与えたり、変えたりということがあるのだと思います。聖書を読むことが何か新しい発見に続く、ということもきっとあると思います。内村であればそれは「聖霊の導き」だと言うでしょう。

もちろん、すでに私たちが持ってきた信仰を確認したいという面も我々にはあります。しかし同時に、それが少し揺さぶられるかもしれないけれど、新しい経験もしたいのではないでしょうか。

先ほどの「主」ということに関しても、たとえば我々を謙虚にさせる働きがあるのではないでしょうか。「自主」等といいますけれども、「主」は神様であって、私たちは仕えるものである。ですからお用いください、ということであるし、逆に、自分が勝手に一人だけで生きているというわけでもないということでもあります。私に関するあらゆることに対して私がいわゆる「自己責任」のように責任を取らねばならないということではなく、私たちは同じ神様を「主」として持っているもの同士でともに生きているのだと考えてもいいのではないでしょうか。

注

（1）以下、聖書の訳文に関する鈴木範久の論点については、鈴木「聖書の日本語訳――略史と問題」鈴木範久監修、月本・佐藤編『聖書と日本人』（大明堂、二〇〇〇年）に依拠している。

（2）以下、「神」「上帝」の訳語問題に関しては、鈴木範久『聖書の日本語――翻訳の歴史』（岩波書店、二〇〇六年）に依拠している。

（3）小原克博「神のジェンダーに関する一考察――フェミニスト神学との対論を通じて」『宗教と社会』第四巻（「宗教と社会」学会、一九九九年）。

（4）諸橋、渡辺、鎌田、米山『新漢和辞典　改訂版』（大修館書店、一九六九年）。

（5）海老名弾正「我が信教の由来と経過」鈴木範久監修『近代日本キリスト教名著選集22　荒野・基督教概論未完稿　我が信教の由来と経過』（日本図書センター、二〇〇三年）、五八ページ。引用に際して一部旧字体の漢字を新字体に改めた。

（6）同、六〇ページ。

（7）同前。

（8）内村鑑三「パウロの信仰」『内村鑑三全集20』（岩波書店、一九八二年）、一八七ページ。

（9）同前。

（10）同前。

（11）石原兵永『石原兵永著作集6　身近に接した内村鑑三（下）』（山本書店、一九七二年）、二四六ページ。

（12）同前。

パネルディスカッション

邦訳聖書の現代と未来

パネリスト：島先克臣、福島 旭、家山華子
司会：淺野淳博

島先克臣（しまさき・かつおみ）
1954年生まれ。2019年２月神学セミナー開催時、日本聖書協会翻訳部職員。現在、「聖書を読む会」総主事。

福島 旭（ふくしま・あきら）
1962年生まれ。関西学院中学部宗教主事・教諭および関西学院大学兼任講師。

家山華子（いえやま・はなこ）
現在、日本基督教団三木教会牧師、関西学院大学大学院神学研究科研究員。

淺野淳博（あさの・あつひろ）
1960年生まれ。関西学院大学神学部教授。

第一部　パネル発表

聖書科教員の立場から

福島　旭

私は関西学院中学部で聖書科の授業を担当しています。今日は生徒たちに新しい聖書翻訳を紹介してみて、授業で交わされたさまざまな意見を中心にお話ししたいと思っています。「スコポス理論」というすごく魅力的な理論をキャッチフレーズに、礼拝で朗読されることを目的として「聖書協会共同訳」が出されました。まずこのことを聞いたときに「礼拝」が一体どのようにイメージをされているのかと考えました。といいますのは、最後にも問題提起として申し上げますが、イエスの時代の「礼拝」と現代の「礼拝」を比較しながら、では「スコポス理論」で言われる「礼拝」とはどのような生活をしている人たちが集まっているとイメージしているのか。それによって、聖書翻訳が変わると思います。この辺りのことも踏まえた「スコポス理論」であるのかをお聞きしたいと思います。

聖書を「自分の言葉」で翻訳する試み

キリスト教主義学校、特に今、私が属する中学校の現場では、生徒たちは聖書の言葉を自然に覚えながら日常的に使っています。ある競泳選手が告白の中で聖書の言葉を引用するように、素直に自分の生活の中で聖書の言葉を使っています。

そういった中で、中学一年生が入学した時に、まず「主の祈り」（一八八〇年訳）を自分の言葉で翻訳するワークをしています。「天にまします……」という最初からとんでもなく難解な言葉から始まりますが、この「天」という言葉を読んだときに一年生には「天、天国はどこにあるでしょうか」と質問します。クラスのだいたい九割くらいの生徒が上を指さします。そのあと、続いて、「では今から一二時間後の天はどこにあるでしょうか」と質問します。多くの者は同じく上を指します。「じゃあ、アルゼンチンに住んでいる人たちの天はどこだと思いますか」と続けます。やはり、上です。そうしたら今、私たちが上を指した方向とアルゼンチンに住んでいる人たちの上の方向は正反対ではありませんか、と立て続けに問いかけます。何人かの生徒は気づいて「横も天

だし、下も天だ」と言い始めます。

最近、「神の国」をイエスが説明されたルカによる福音書一七章二〇―二一節の言葉を授業で取り上げました。一般的に「神の国は見える形で来ない」というように読まれる有名な箇所ですが、このテキストの原文は「神の国は天文学的な形で観察しうるものではない」という表現がなされています。そういった原文の聖書の訳は生徒たちにとっては感覚的にはなかなか難解なようです。

「天」のイメージをたずねてみると

実は私は幼稚園にも勤めていましたが、五歳児にも同じ質問を毎年してきました。五歳の園児たちに「天国はどこですか」と聞くとほとんどの園児たちが上を指します。たまに「自分の心の中」という子もいます。五歳も一五歳も年齢は一〇歳経ているにもかかわらず感覚的には同じ答えを持っているということを知る時、聖書の言葉は大きなヒントを私たちに提示してくれます。「天」をどう訳すのかということです。本校は全校生が七三〇人くらいいるのですが、全校生に改めて聞いてみました。「天国はどんなところですか」と。集計すると、第一位は「神の国、神の世界、神の場所」（五〇票）、第二位は「楽園、パラダイス」（三六票）、第三位は「幸せ・幸福な国、世界」（三一票）となりました。ところが高学年にいくほど、個性豊かな表現を記してくれることに気づきました。

その一票の意見をいくつか紹介してみますと……第二の人生を始めるスタート地点、心安らぐ世界、希望、恵みの満ちたところ、悩みのない世界、争いがない世界、ロマンがある場所、優しさあふれる世界、最も清く美しい場所、みんなが一つになる場所、本当にいるべき場所、人が永遠に存続するところ、何にも染まらない世界、独善のない世界、挑戦の場、善の心が最終的に集う場所、すべての人に無償の愛をささげられる場所、すべての人が互いに愛し合える場所、素敵になれるところ、ずっと笑っていられる世界、人生をリセットするところ、人生のスタートでゴールである場所、常識を超えた先にあるもの、自分の力だけでは行けない場所、自分と大切な人との間にある、自分がある場所、ごほうび、心の拠り所、心の中の神に向き合える場所、神の光に覆われた世界、神の教室、神の奇跡、神の一部、神に愛された者たちの場所、神が理想とした世界、神が心を慰め癒すところ、神が一緒に自分を見守ってくれる場所、神が与えてくれる居場所、生きる道、新しく命を始めるための準備をする国、会いたい人に会える場所、Wonderful……。私の予想を覆し、今回アンケートを取った中で誰一人として冗談や悪ふざけで答えた生徒はいませんでした。

訳語のイメージを創り出す

これらの一票の意見はほとんど三年生の意見です。高学年になるにつれ、他の友人が考えないようなものをあえて考えようとして、自分の「天国」とか「天」をイメージしていることが分かります。独自性の強調というか、自己主張というか、そのイメージの膨らみがとても大事だと思いますし、他の人のイメージを知り、その上で自分のイメージを創り出すという作業がとても楽しいのです。一票の意見を他の生徒たちに紹介しながら、いろいろな人たちがこんなふうに思っているのですよと分かち合うことがとても大事だと思っています。ですから聖書のある箇所では「天国＝神の国」とされていますが、「天国＝〇〇」というように一つの答えに限定しないで、「いや、自分はそうは思わない」という生徒がいることが楽しいのです。いろいろな人の意見を分かち合うことがとても大事だと思っています。このことが、聖書の翻訳にもつながると感じています。

また、三年生には「愛する」を、いろいろな言葉に置き換える課題にも挑戦してもらっています。これがまた面白い。生徒たちの互選で選ばれたベスト5の作品をまとめて発表しています。そのようなやり方をしながら聖書の言葉を多角的に受け止めていこうと授業で取り組んでいますが、中高生の時期というといわゆる思春期は人生の中でもとても多感ですし、その上、記憶力も優れた時期です。中学部はとにかく毎日礼拝をします。生徒が登校する日は毎日二〇分の礼拝をする。ですから読まれる聖書の箇所は繰り返し読まれることも多く記憶に留まります。そういった聖書の言葉が生徒たちのその時々の心境や状況、苦しみ・悩み・不安の中にあるときに力になっていくという現実を見ています。

たとえば、イエスのたとえ話を読むときに、昔話や古典として読むのか、それとも今の現在の生活に結びついたものとして読むのかは、結構、最初の聖書との出会いが影響してきます。聖書と初めて出会った時、ある先入観を持ってしまい、「聖書なんか嘘が書かれている」「古びた話だ」と思い込んでしまうと、それをなかなか取り除くことができないようです。ですから、最初に聖書と出会う時をとても大事に受け止めています。

翻訳聖書「総選挙」

今回、全校生にルカによる福音書一七章二〇―二一節の日本語訳の翻訳を現在私が入手できる一六種類並列して、最も自分が良いと思う訳を一つ選んでもらいました。その結果は、これも私の予想を裏切り、一番に選ばれたのが「リビングバイブル」、二番目に選ばれたのが、古い訳の「新改訳」、そして意外ですがカトリック教会の「フランシスコ会訳」が第三位となっています。発刊された年代順に並列し、「聖書協会共同訳」を一番下に置いていたにもかかわらず、今回一三位と健闘しているような感じがあります。

一年生、二年生、三年生と別々に集計してみて、単純に分析は難しいですが、あえて今回の結果で、「観察」という言葉が入っていると軒並み生徒たちは否定的な判断をしているようです。というのは「神の国・天国」は「観察する」ような対象ではないと感じているのでしょう。しかし、テキストの原文は「観察する」と表現しています。また、残念だったのが「仕方」という言葉をひらがなで訳したのが生徒たちには受け入れられなかった可能性があります。漢字とひらがなの違いも、その印象に大きく影響すると思えます。また、生徒たちにとって、センテンスが短いというのがとても魅力的なようです。短いから記憶できるというのもありますが、短く言い切ることが聖書の言葉としての魅力だと感じるのでしょう。それから丁寧な言葉に人気があります。生徒たちはよく語りますが、イエスはいわゆる「上から目線」で偉そうに語る方ではなく、ゆっくりと丁寧な言葉で優しく語られたはずだと。

こういった生徒たちの感想を聞いていると、ここ数年の傾向として、生徒たちにとって、神は内在的、超越的で自分の中にいてくださると感じている傾向が強くなっていると私は感じています。後半の「あなたがたの中、内にある」というのは非常に魅力的な訳ですが、けれどもテキストの原文は「あなたがたの間にある」という言葉です。正確には「間」であっても生徒たちには「中」が実感なのです。このような言葉のニュアンスによって人気の影響があったのだと思います。

聖書の言葉は〝wonder〟

最後になりますが、生徒たちが聖書の言葉を生涯自分のものにしていけるかどうかは、その第一印象といった出会いとともにそれから聖書に日常的に接する場面で、いかに非日常的な感覚を聖書の言葉から受けるかがポイントだと思います、それを〝wonder（驚き）〟という一語で表現してみましたが、自分の生活の中で〝wonder〟をできる限りたくさん経験できるのか、それは非日常性を日常の中で感じることだと思います。そこが聖書の言葉のリアリティでしょう。ですから、聖書協会共同訳が「神の国は観察できるような仕方で来るわけではない」と提示する訳に対して、「神の国は観察するような形ではありえない」と主張する生徒たちの感性をくみ入れた翻訳をも提示する必要性を感じます。天国は目には見えるけれども目に見えないような驚くべき世界としてやってくる、こういうような感覚が生徒たちには相当強くあると分析しているところです。

教会の牧師の立場から

家山華子

私の方からは、教会の牧師という立場から考えたことをいくつか発表させていただきます。はじめに、長い年月をかけ、また多くの方々の献身的なお働きによる、新しい翻訳聖書の出版事業に、心からの感謝と敬意を表します。一方で、今の時点では、新しい翻訳聖書が出版されたことと、教会の信徒の方々との間に、温度差があるのではないかと感じています。信徒の方の多くは、このことにまだあまり関心がありません。おそらく、新共同訳聖書を使っていて、信仰生活に何の支障もないのではないでしょうか。それに、今現在教会に置いている新共同訳聖書をすべて買い替えるとなると、大きな出費になります。経済的に厳しい教会にとって、容易なことではありません。それでも、教会の方々と共に新しい翻訳聖書を味わってみるために、とにかくまずは、新しい翻訳聖書を使ってみなければと思いました。ここに参加されている皆さんの中には、既に、新共同訳聖書と聖書協会共同訳聖書の読み比べを進めている方もおられるかと思います。今回、良い機会をいただいたので、私なりに読み比べをしてみて、出てきた疑問を三つほど、あとで島先さんに投げかけたいと思っています。

聖書協会共同訳を使ってみて気づくこと

①詩編一八篇を読み比べて

まず、私は詩編一八篇を読み比べてみました。なぜこの箇所かと言いますと、教会の聖書とお祈りの会で、今は詩編を読んでいるのですが、思い立った日の箇所が、詩編一八篇だったからです。そこでまず気づいたことは、新しい訳は、主語、述語、目的語がはっきりしていて、詩としてのリズム感が良くなったということです（例えば、一一―一二節）。私は、この詩編の新しい訳の言葉のリズム感は好みですが、教会の方の中には、新しい訳はストレートに響きすぎて、場所によっては怖いという印象を持った方もおられました。その方は、特に神の怒りの表現は、少しオブラートに包まれた表現の方が良いそうです。

もう一つは「ツェデキー」というヘブライ語が、新共同訳では「わたしの正しさ」と訳されていますが、聖書協会共同訳では「私の義」と訳されていることです。ちなみに、他の翻訳を調べてみたところ、口語訳では「わたしの義」、文語訳では「わが正義《ただしき》」、フランシスコ会訳では「わたしが正しいから」、岩波訳では「わが

義」と訳されていました。

私は、「正しさ」と「義」という訳の違いに注目してみました。ここからは私の解釈です。一八篇の冒頭には、「主がダビデをすべての敵の手、またサウルの手から助け出した日、彼はこの歌の言葉を主に語った」と記されていますので、ダビデがサウル王や、息子アブサロムから追われていた時に、神が助けてくださったことを感謝して歌っている詩だということが分かります。ここでダビデは、神が「わたしの正しさに報いてくださった」と歌っています。ここで、ダビデは、自分のことを「正しい」人だと言っているのか、という疑問が浮かび、「ツェデキー」という言葉の意味が問題になります。

この一八篇と同じ詩が、サムエル記下二二章にあります。これは、ダビデが、その家臣ウリヤの妻バト・シェバと床を共にし、ウリヤを戦いの最前線に送って死なせた出来事よりも後に置かれています。ですから、ダビデが自分の正しさを誇っているのではなく、神が自分の罪に何倍にも報いてくださるお方だ、という認識があるのでしょう。「私の正しさ、私の義」という言葉も、この神への感謝を歌っていると解釈できます。このような文脈から考えれば、どちらかというと倫理的な響きをもつ「正しさ」という訳よりも、神と人との関係を含む「義」という訳の方がふさわしいのではないかと考えました。

②その他の読み比べ

その他にも、セクションの区切り方が改良されている箇所も、いくつか見られました（例：マルコ六・六、一三・三二、一四・二六）。それらは、どちらで区切ることも可能と思われる箇所ですが、個人的には聖書協会共同訳の方が、今使っている注解書と一致しているので、使いやすいです。

身体に浸み込んでいる言葉、人生に大きく関わる言葉

新しい翻訳が出た時に、最も抵抗を覚えてしまうのは、既に体に馴染んでいるような言葉や、人生に大きく関わる言葉についてです。例えば、詩編二三篇は、個人的には、教会学校で子どもたちと一緒に暗唱したので、とても馴染みがあります。ですから、新しい訳を読んでいても、新共同訳の言葉が覆いかぶさってきてしまいます。

東日本大震災の後、津波で押し流されてしまった地域をお訪ねした時、目の前に広がる、言葉を失ってしまう状況に「神さまはどこにおられるのだろうか？」と問わずにはおれませんでした。その問いの中で聴いた「わたしはある（エヘイェ）」（出エジプト記三・一四）という言葉は、私にとって大きなインパクトを与えた言葉です。それだけに、「私はいる」（聖書協会共同訳）という訳が、すっと入ってきません。

しかし、新しい訳は、すぐ前の一二節「私はあなたと共にいる」との関係で「私はいる」と訳されたと解説されているのを読みました（『特徴と実例』）。この新しい訳によって、解釈のポイントを考え直すことも可能です。もしかすると、私たちの人生に大きな影響を与えた聖書箇所ほど、

私たちが新しい翻訳に問われるように読むことで、信仰のチャレンジが与えられるのかもしれません。新しい翻訳が出ても、これまでの翻訳聖書がすべて否定されるわけではないでしょう。

なぜ聖書を翻訳し続けるのか

島先克臣

本日は、関西学院大学神学部主催、神学セミナーのパネルディスカッションにお招きいただきましたこと、光栄に存じます。「聖書翻訳の現代と未来」という主題、「なぜ聖書を翻訳し続けるのか」という副題をいただきました。

聖書翻訳事業に携わって一〇年余りたち、色々なことを考えさせられていますので、それをお分かちしたいと思います。ただし、これは日本聖書協会の正式見解ではなく、私個人の考えであり、個人の体験から申し上げていますことをご理解の上お聞きいただければと思います。また、新約聖書や聖書論に触れる部分もありますが、私は新約学者でも教義学者でもありませんので、間違っていましたらご指摘いただければ幸いです。

疑問

私は次の疑問をずっとかかえてきました。

イスラム教にとっての聖典は、アラビア語であって、翻訳されたものは聖典ではない。ところがキリスト教は、ひたすら現地語に翻訳し、翻訳された書を神の言葉としている。これはいったいどうしてなのか。

この疑問は、クリスチャンではない方々も持っておられる、関心のあるテーマです。私の結論を先に申し上げます。「愛の神は、分かる言葉で救いを語るから」です。本日はこのテーマでお話しいたします。

フィリピンでの体験

一九八九年のことです。私たち夫婦と小さな子ども三人は、フィリピンのバタンガス州、バタンガス市にいました。宣教師として語学研修のために行って間もない頃でした。街を散歩していた時、三歳半だった娘、レアが私の手を振り切って急に走り出しました。往来の激しい通りにまっすぐ向かっていきます。右から乗合自動車のジプニーが走って来る、その前に飛び出す、と思った瞬間、道路を挟んだ向こう側から「レア」という大きな声がして、レアは驚いて立ち止まる。その鼻先をジプニーが通り過ぎて行きました。

前日に出会って立ち話をした青年が、偶然にも通りの反対側にいて、「レア」という名前がフィリピンにもあるので、それだけを記憶していたのです。もし、娘に分からない言葉で話しかけられても、娘は飛び出していたかもしれません。人を救うには、分かる言葉でなければなりません。それと同様に、「愛の神は、人の分かる言葉で救いを語る」のです。

聖書自体の中で

このことは、最初の翻訳聖書と言われる七十人訳ギリシア語旧約聖書（以降ＬＸＸ）以前から行われているのではないかと思うのです。

紀元前二〇〇〇年紀初頭のバビロニアの都市国家では、ウルも含めて、アッカド語の古バビロニア方言が使われていました。神はアッカド語でアブラムに語ったのでしょう。紀元前二〇〇〇年紀中期のエジプトでは古典エジプト語が話され、同時期のアラビア半島では、アッカド語のアラビア方言のようなものが使われていたのではないかと推測されています。神はそのような言葉でモーセに語ったのでしょう。紀元前一〇〇〇年頃、神は、ダビデ王に、南へブライ語（標準へブライ語）で語りました。

二〇〇〇年前、ついに、神はユダヤ人となりアラム語で民衆に語ってくださいました。受肉ほど、神が「翻訳してくださる神である」ことを証しするものはありません。

一世紀の地中海沿岸の国際都市ではどうでしょう、コイネー・ギリシア語です。パウロはこう書いています。

私は、キリストが私を通して働かれたこと以外は、何も話そうとは思いません。キリストは異邦人を従順へと導くために、言葉と行いを通して、また、しるしや奇跡の力、神の霊の力によって働かれました。こうして、私は、エルサレムからイリリコンまで巡って、キリストの福音をあまねく宣べ伝えてきました（ロマ一五・一八―一九）。

この箇所はこう言い換えることができるでしょう。「キリストは、神の霊の力により、パウロを通して、当時の人々にコイネー・ギリシア語で語り、異邦人を主への従順へと導かれた」。そして、パウロが語ったこと、書いたことの一部が新約聖書の中に正典として含まれていきます。つまり、愛の神は聖書正典の歴史の中でも、人に分かる言葉でご自身の愛を伝えてきたのです。

翻訳聖書を通して

次に、神が翻訳聖書を通して語ることについてお話しします。テモテへの手紙二、三章一四―一七節を引用します。

[14]だがあなたは、自分が学んで確信した事柄にとどまっていなさい。あなたは、それを誰から学んだかを知っており、[15]また、自分が幼い頃から聖書（ヒエラ・グランマタ）に親しんできたことをも知っているからです。この書物は、キリスト・イエスへの信仰を通して救

いに至る知恵を与えることができます。

[16]聖書はすべて（パーサ・グラフェー）神の霊感を受けて書かれたもので（セオプネウストス）、人を教え、戒め、矯正し、義に基づいて訓練するために有益です。[17]こうして、神に仕える人は、どのような善い行いをもできるように、十分に整えられるのです。

この箇所から、翻訳聖書を通して神が語るというお話を四つのポイントでいたします。

緩やかな輪郭の聖書

テモテが幼い頃から親しんできた聖書（ヒエラ・グランマタ）は、ユダヤ人の子弟教育の慣例でヘブライ語聖書を指すという意見が多いようです。当時は、ユダヤ教内で正典が確立していなかったので、ヒエラ・グランマタといったとき、トーラー（モーセ五書）と預言者を中心にある程度の数の諸書が加わった、緩やかな輪郭のヘブライ語聖書だったことでしょう。

一六節のグラフェーはどうでしょう。流布し始めていたであろうイエス伝の一部や、パウロなどの手紙の一部を含むかもしれないと言う注解者もいます。つまり、ヘブライ語聖書よりも広い意味を持つのかもしれません。つまり、一六節のグラフェーの輪郭・境界線は、より緩やかだったのではないでしょうか。

翻訳も含む聖書

①パウロ

次に考えたいのは、この一六節の聖書、グラフェーは何語で書かれていたかということです。パウロがグラフェー、つまり聖書はこう語るといって自身の書簡で引用しているのは、ＬＸＸや、それに類するものです。あるいは、パウロが記憶していたヘブライ語聖書の翻訳や要約であったこともあるでしょう。どちらにしても、パウロが言うグラフェーは翻訳されたものです。しかも当然ながらＬＸＸには、新共同訳や聖書協会共同訳の続編の中に収められた、多くの書が含まれていました。

②テモテ

テモテはどうでしょう。テモテが少年期に触れた聖書はヘブライ語聖書だったかもしれませんが、異邦人が多く加わった教会での説教や牧会で、テモテが使っていたのはギリシア語聖書だったことでしょう。つまり、ここで、聖書、グラフェーと言っているのは、第一義的に翻訳聖書を想定していると言えるでしょう。

というよりも、パウロは、ヘブライ語聖書と翻訳されたギリシア語聖書を、私たちが想像するようには差別化していなかった可能性もあります。

所与のものとしての聖書

私たちは、ヘブライ語正典に結実していった資料の執筆、編集、伝達はどうであったのか知りたくなります。誰が、いつ、何を基準に各書を正典に含めていったのか、パウロがこの手紙を書いた当時、ヘブライ語の聖書正典に含まれていたのはどの書なのか、などに関心を持ちます。また、LXXに関しては、誰がどこで、どのようにヘブライ語聖書をギリシア語に翻訳していったのか、その詳しい背景や、ヘブライ語聖書との差異、翻訳上の傾向、そもそも翻訳に用いたヘブライ語聖書の底本は何であったのかなどに、興味を持ちます。

パウロにそのような知識や関心があり、論議していたかどうかは、この箇所からは分かりません。この箇所で全面に出てきているのは、ヘブライ語聖書もギリシア語翻訳聖書も、神に与えられたもの、所与のものとしてあるということではないでしょうか。

ユダヤ教正典として確立していない段階のヘブライ語聖書と、続編を含むギリシア語聖書、それに福音書の萌芽のようなものや、一部の手紙さえも含まれる、厳密な定義が不可能なような緩やかな輪郭の聖書、それらすべてを、パウロは「聖書、グラフェー」と言っているのではないか、と私は個人的に思い巡らしています。

神の霊が、正しい信仰と生活に導く聖書

では、そのような聖書が「神の霊感を受けて書かれたもの」（セオプネウストス）とパウロが言ったとき、それは、どのような意味なのでしょうか。このギリシア語は直訳すると「神が息を吹きかけた」、「神の霊による」となります。直訳するとこうなります。

15b キリスト・イエスへの信仰を通して救いに至る知恵を与えることができる書物
16 聖書はすべて神の霊によるもので、有益です、
人を教え、戒め、矯正し、義に基づいて訓練するために。

私は、この箇所では二つの点が大切だと考えています。

①正しい信仰と生活に導くために（目的重視）

第一は、神の霊は、聖書を用いて何をするのか、という目的が重視されている点です。テモテは、エフェソ教会を脅かす誤った信仰と生活の教えに直面していました。パウロはそのようなテモテに、正しい信仰と生活にとどまりなさい、そのために聖書を用いなさいと勧めています。なぜなら、彼らは、テモテへの手紙一、四章一節にあるように「悪霊の教え」を教えているのだが、聖書こそ、それがヘブライ語であっても翻訳した聖書であっても、神がご自身の霊によってもたらしたものなので、キリストへの正しい信仰と、神に喜ばれる正しい生活へ導くからなのだ、と言うのです。つまり、パウロが語る聖書の霊感論は、神から来ているという基盤に立って、「正しい信仰と生活」に導くという「目的」あるいは機能が強調されていると私は考えています。

②聖霊が主体

第二は、聖霊が主体であることです。「聖書が神の霊によるもの」というならば、神の霊は、聖書の執筆・編集・正典化・本文批評と原典釈義を含む翻訳など、今、目の前にある聖書が生成されてきた過去の歴史に働いてきたと考えられるでしょう。では、今ある聖書自体が自動的に目的を果たすのか、というとそうではなく、聖霊が、聖書を用いて目的を果たすのではないでしょうか。パウロが言うように、聖書は「霊の剣」（エフェ六・一七）なのです。神の霊、キリストの霊こそが、翻訳聖書を生み出しただけでなく、それを用いる主体です。それは、先ほど読んだローマ書の引用、キリストがパウロを用いるという点とも合致します。

結論

結論を申し上げます。神は、聖霊により、翻訳聖書を用いてキリストを指し示して救いに導き、信徒を正しい生活に向かわせます。なぜでしょうか。それは、愛の神は、人に分かる言葉で救いを語るからです。

以降の歴史

初代教会以降

その後、教会教父たちはＬＸＸを旧約聖書として使っていました。聖書は、東方ではシリア語、コプト語、アルメニア語、エチオピア語に翻訳されていきました。西方では、古ラテン語やゴート語などへ訳されましたが、ラテン語訳が中世にかけて唯一の聖書となっていきます。

一四世紀以降

しかし、一四世紀になると、ウィクリフが英語に訳すことになります。宗教改革前夜と言えるこの時期から、現地語への翻訳のスピードに変化が見られます。一五世紀以降の四〇〇年間は、一〇〇年につき、平均一九言語に聖書が訳されていきます。一九世紀になりますと、リバイバルと、それに後押しされた世界宣教の熱心さのゆえに、一世紀の間に四四六言語にもなり、二〇世紀には驚くべきことに一七七八言語にも訳されます。過去二〇〇年は「聖書翻訳の世紀」と呼ぶことができるかもしれません。

このように、世界中の人がキリストを知り、救われてほしいという強い願いから、聖書が翻訳されてきているのですが、その背後に愛の神が働いておられるのです。

聖書翻訳の現在

新共同訳

新共同訳聖書も二〇世紀に生み出された、そのような聖書の一つです。フランシスコ会のベルナルディン・シュナイダー神父様は、カトリックの側の代表者として新共同訳聖書の翻訳事業を牽引していった方です。神父様は、編集委員会が暗礁に乗り上げると議長として休憩を呼びかけ、ご本人は祈る、すると、休憩後は問題を乗り越えることができた、という経験を積み重ねてきたということです。「聖書翻訳は神の業であり、祈りによって進めなければならない」というメッセージを私は受け取りました。神は聖霊によって新共同訳の過去、テキストの生成に関わってくださいました。

そして神は聖霊によって、現在、新共同訳聖書を通して働いておられます。

確か二〇〇八年のことだったと思います。ある地方在住の女性から聖書協会に電話がかかってきました。「私は三〇年前に難病を患い、滅多に家から出られなくなってしまった。その間、新共同訳を読んできているが、洗礼を受けなければならないようだ。家に来てくれる牧師を紹介してほしい」という内容でした。それから、年に二回ほど必ず電話がかかってくるようになりました。お話を聞きますと、自宅で聖書を読むだけで、しっかりと正確な信仰を持っていることが分かりました。そしてこうおっしゃいました。「ヘブライ語とギリシア語だったら私には理解できない。聖書協会が、私に分かる日本語に訳してくれたから、イエス様に出会えた。イエス様がおられたから、この三〇年、生きてくることができた。感謝する」。私は、自分の仕事に意味があるのだ、と深く再確認したことです。その後、その女性のところに来てくださる教会があって、今は幸いな教会生活を送っておられます。

愛の神は、今に至るまで、聖霊により、翻訳聖書を通して、キリストを指し示し、人を救いに導いておられるのです。

聖書協会共同訳

私は、今回の『聖書協会共同訳』のコーディネーターとして働いてきました。多くの素晴らしい翻訳者の方々と共に働けたことを感謝しています。実務を担当してくださった方々は、神の言葉を愛し、祈りつつ作業を進めてくださいました。翻訳者による合宿を各地の修道院で行いました。朝は、共に祈って一日の翻訳作業を始めました。合宿の間は、シスターたちが祈ってくださいました。沖縄のある島におられるクリスチャンの方は、毎年一度、翻訳事業のために祈っているよと葉書をくださいました。

翻訳者の合宿での作業に関して、翻訳者の一人である神戸女学院大学の飯謙先生は次のようにおっしゃっています。

合宿はたいへん印象深く思い出されます。一緒に翻訳する人と人格的な相互理解の中で進めていくことができた。毎朝の礼拝の時間でも、その方の人となりとか、個人史を知ることが許され、ああ、こういう思いで聖書に向かっておられるのかと。聖書への理解を深める大切な時間にもなりました。単に仲間どうしでやったという意味ではなくて、適度な緊張関係もありました。互いに相互理解に努めようとする良質な共同体の中で生み出された聖書だということを、これを読まれる皆さんにもお伝えしたいと思います。

「互いに相互理解に努めようとする良質な共同体の中で生み出された聖書」、これこそ、聖霊が聖書翻訳を導いてくださった一つの証しであると私は考えています。今回の聖書協会共同訳も、その生成のプロセスを主が背後にいて導いてくださいました。今後は、人の救いと成長のために用いてくださると私は信じています。

聖書翻訳の未来

二〇一八年の統計によると、世界には七一〇五の言葉があります。そのうち聖書があるのは約半数の三三六二語。そして、現在、約二六〇〇語への聖書翻訳プロジェクトが進行中で、これから、聖書翻訳を始めなければならない言語数は二一〇〇語あると言われています。

以前は、一言語への翻訳は、二〇年、三〇年とかかってきましたが、コンピュータとインターネットの発達で、加速度的に翻訳時間が短縮してきています。

世界に一五〇ある聖書協会やウィクリフ聖書翻訳協会などの聖書翻訳の団体が、今、世界的に協力しています。そして、「二〇二五年までは、始めるべき二〇〇〇以上の聖書翻訳プロジェクトを開始する」という共同のヴィジョンを持っています。つまり、あと、数十年で、ほとんどの人が、自分たちの分かる言葉で聖書に触れることができる時代が来ようとしているのです。

国内外の教会、そして聖書協会と他の翻訳団体は、これからも聖書を翻訳し続け、出版し続けます。それは、愛の神が、私たちの分かる言葉で救いを伝えたいと願っているからなのです。

第二部　ディスカッション

浅野　他の国では、いろいろな聖書が同時に出版されて、いろいろ見比べることができる状態ですか。

島先　現代は、聖書協会以外の団体が聖書を多く翻訳出版しています。しかし、時間とリソースの関係で、聖書協会世界連盟に属する聖書だけしか調べることができませんでした。ただ、大体の傾向を知ることができると思います。

八種類：英語

四種類：フランス語、韓国語、スペイン語

三種類：中国語、オランダ語、ドイツ語

これを見ますと、やはり、さまざまな翻訳聖書が英語にあること、しかも飛び抜けて多いことが分かります。なぜかという分析は、コロニアル・クリティシズムの専門家の浅野先生にお願いします！

淺野　日本では、異なるスコポスの聖書を提供できますか。

島先　異なるスコポスの聖書は、多い方が教会と宣教にプラスだと思います。ただし、教会の公用聖書を翻訳して出すというのは、膨大な経費がかかり、多くの優秀な人材が必要です。一つの団体で異なるスコポスの聖書を複数出すのは厳しいものがあります。

淺野先生がおっしゃるように、岩波書店など、日本では他の団体や出版社がすでにいろいろなスコポスの聖書を出版しています。ただ、確かに、釈義の違いを見ることができるような選択肢は英語圏に比べて少ないと思います。

しかしながら、日本聖書協会は青少年のためのマンガ聖書、幼児のための絵本聖書などを出版して好評でした。また、いのちのことば社のリビングバイブル、最近では、Alive訳という非常に斬新な、若者向けの聖書が出ました。またOne Hopeという団体が、児童のための聖書アプリを出しました。

いろいろな団体が、違ったスコポスで聖書を出していくことが日本の宣教にとってプラスになると思います。

家山　詩編一八篇二一節のように、「正しさ」→「義」と訳している訳の変化は、日本語だけ見れば分かりやすくなったとは言

えません。むしろ、この訳の違いは、神学的な意味が大きいのではないかと考えましたが、いかがでしょうか。このような訳の違いは他の箇所にも例が見られるかという点を伺えればと思います。

島先　「正しい」から「義」への変化の最大の理由は、新共同訳に残っていた説明的で冗長な傾向から、直訳的で簡潔な表現を志向したためでした。その例は、小冊子「特徴と実例」（日本聖書協会ウェブサイトより無料ダウンロード可）にあります。少し挙げますと、以下の通りです。

- 「ツェデカー」　恵みの御業→義、正義
- 「ツァディク」　神に従う者→正しき人
- 「ラシャア」　神に逆らう者→悪しき者
- 「ハスィド」　主の慈しみに生きる者→主に忠実な者

家山　新共同訳が説明的な訳だったのに対し、直訳的で簡潔な訳を目指したという点について、理解できました。そのような視点で、これからも二つの聖書を読み比べてみたいと思います。コメントをいただいて、翻訳の基準を、自分が普段やっている釈義の方に引き寄せ過ぎたかもしれないと思いましたが、逆に、聖書の間で訳が異なるところは、釈義のポイントなのだということに、改めて気づかされました。ここで、あなたはこれをどう解釈しますか、と問われているように思います。今後の説教準備でも注目していきたいと思います。

家山　新共同訳聖書が「重い皮膚病」と訳していた「レプラ」（マタイ八・二、マルコ一・四〇、ルカ五・一二）という語が、聖書協会共同訳では「規定の病」と訳されています。この訳では、病の症状が不明瞭になり、その人の抱える苦悩が分かりにくくなってしまったのではないかと考えました。「レプラ」が「規定の病」と訳されているのは、どのような理由でしょうか？

島先　「重い皮膚病」は、アトピーのお子さんのいるお母様方から、改善を求める声が届いていました。翻訳者の方々も、事業の初めから、「日本語にする方針は変わらないが、重い皮膚病に代わるより良い訳語を求めよう」と話し合われていました。その後、いくつもの委員会で、何年もかけて話し合われ一〇以上の代案が出されては否決され、最後に残ったのが、この訳語でした。特定の病気に結びつきにくいという点で、重い皮膚病よりも一歩前進したと思います。確かに何を言っているのか分かりにくい面はありますが、それは、ある意味では意図したことでもあります。申し訳ないのですが、意味に関しては巻末の用語解説を読んでいただくということになります。

家山　「重い皮膚病」という訳を読むときの、アトピーのお子さんを持つ親御さんの視点に気づかせていただきました。さまざまな方と共に聖書を読むということも、視野に入れる必要性を感じました。このような箇所から、親御さんと語り合う可能性も出てくるのかもしれません。

家山　これまで使っていた聖書と新しい翻訳聖書を、それぞれどのように捉えて用いていったらよいでしょうか？

島先　家山先生がおっしゃるように、心に定着した大切な表現が変わることはできれば避けたいことです。例に挙げておられた出エジプト記三章一四節の変化は、かなり重大な変化ですので、編集委員会レベルできちんと討議されました。マイナーな変化は、担当翻訳者が提案し、他のチームが加わった翻訳者委員会で認め、それが編集委員会で認められれば、本文となります。重要な変化の場合は、脚注に従来訳を挙げています。

また、異なる聖書の位置付けですが、スコポス（使用目的）が違う場合、例えば、伝道用聖書と礼拝用聖書では、同時に使うことができます。しかし、スコポスがほぼ同じ聖書、例えば、口語、新共同訳、聖書協会共同訳では、より新しい聖書の方が、聖書学や聖書考古学の新しい進展が反映されていますし、日本語としても現代に対応していますので、基本的にはより新しい聖書のほうが、読む方々に益があると思います。

ただし、個人レベルでは、個々人の好みで選ばれるのではないでしょうか。また、教会の礼拝で使われる場合や、教派の集まりで使う公認聖書となりますと、その教会、あるいは、教派が、経費も含め総合的に判断していくことになります。

家山　個人個人の言葉との結びつきを大切にしながら、新しい訳にゆっくり親しんでいくためのポイントをいくつか教えていただけたように思います。ちょうど今（二〇一九年二月）ＮＨＫの連続テレビ小説「まんぷく」で、即席ラーメンを発明した人の、試行錯誤の過程を見ていますが、ドラマの影響で、その即席ラーメンがかなり売れているそうです。私もつい買ってしまった者の一人です。島先さんから、翻訳聖書作成の苦労話をいくつか聞かせていただき、何かつながりを感じました。翻訳の過程でご苦労されたお話を聞くと、新しい訳が読みたくなるのではないでしょうか。

島先　福島先生のお話に応答したいと思います。中学生にどのように聖書と福音を伝えるのかという現場の工夫と戦いが伝わってくるレジュメをいただきました。私にはとても答えられないような非常にたくさんの問題提起がありました。現場の先生方しか分からない厳しい現状があると思います。

そこで、現場を知らない私からは一言だけ申し上げます。

ご存知のように、私たちはほとんど無意識に、世界をどう見るかという枠組みを持っています。世界観とかパラダイムとか言われるものです。そのような世界観はほとんど、世界や自分がどこから来てどこへ行くのかという大きな物語を土台にしています。

海外宣教師の報告によりますと、「現地の人々にイエスによる罪の赦しの福音を伝えて信仰に導いても、多くの人が間もなく信仰を捨ててしまう。やはり、創世記から黙示録までの流れを伝えなければならない」ということです。つまり、宣教とは、人々の世界観、物の見方のパラダイム自体を、聖書の物語を語り直すことによって変革することだとも言えます。

神は全世界を「極めて良い」ものとして造られたが、人間の罪のゆえに、それに歪みが生じた。しかし神はメシアであるイエスによって、人と世界を回復しつつあり、イエスが再び来られる時に、世界を「極めて良い」ものとして完成される。

これが聖書の流れであり、キリスト教の基本です。これを摑んでいただくことがベースとして必要なのではないでしょうか。

そこで、私がお勧めしたいのは、聖書協会が出したマンガ聖書です。これは、あるキリスト教主義の学校が教科書に採用したほど、聖書に忠実であるだけでなく、聖書全体を短い間に読むことができます。聖書の中の一つ一つの物語や思想を教えるのは大切ですが、まず、天地創造から始まり、キリストの再臨と万物の刷新までの流れを十分に教え、その上で、聖書内のさまざまな物語の中に、生徒たちを招き入れて、追体験してもらうというのは、どうでしょうか。物語は人を変える力があります。現場にいない者からの一つの提案です。

福島　マンガ聖書は私も授業で用いることがあります。しかし、マンガや映画などに代表される視覚的な教材は、一定のイメージを先導してしまうところがあります。たとえばマンガではイエス・キリストは一定のイメージで描かれますが、それはある意味で「狭さ」でもあるわけです。

また、聖書協会のマンガの吹き出しに書かれている台詞は、新共同訳の訳文とは一致しないところが見られたりしまして、それも気になるところです。

神学講演④（組織神学）

組織神学と聖書

加納和寛

加納和寛（かのう・かずひろ）

関西学院大学神学部准教授。

同志社大学大学院神学研究科博士課程前期課程および後期課程修了、博士（神学）。

ヴッパータール大学博士課程留学。

著書　『アドルフ・フォン・ハルナックにおける「信条」と「教義」——近代ドイツ・プロテスタンティズムの一断面』（教文館、2019年）。

訳書　クラウス・フォン・シュトッシュ『神がいるなら、なぜ悪があるのか——現代の神義論』（関西学院大学出版会、2018年）。

はじめに――教会での体験から

私は学校に勤務する前は教会の牧師を十年あまりしていました。日曜日の礼拝では日本キリスト教団の聖書日課に基づいて説教をしていました。説教のもととなる聖書箇所は新約が多かったのですが、そうしますとヘブライ語（旧約）聖書は読まなくていいのだろうか、とちょっと考えてしまいました。そこで平日の聖書研究会では、たとえば創世記を最初から毎週少しずつ読みましょうか、などということをやってみたりしました。最初、教会員さんたちは「なるほど」と言って同意してくれます。ですが、実際に聖書研究会を始めてみると、たまにですが、参加者の中から「なんか戦争の話とか、人が殺される話とかいっぱい出てきますよね、これって本当に神様がこうしろって言ったんですか？」みたいな感想がもれることがあります。私もその頃はまだ若かったので、「いやあ、神様のなさることかどうか私にはちょっと……」などとごまかしていたんですが、内心は、「ああ、聖書研究会でヘブライ語聖書なんか使うんじゃなかった」と思ったりしたわけです。

学問的にはともかく、素朴な視点から聖書を読むと、ヘブライ語聖書と新約の神様のイメージがあまりに違うように思われるというのはよく聞かれる感想かと思います。だったらもうヘブライ語聖書はあんまり読まなくていいんじゃないの、という発想に至るのはある意味で分からなくもありません。

マルキオンとは

実はそうした考えは今に始まったことではなく、遠く古代、二世紀くらいにはもうそんな論争が始まっていました。この頃はまだ新約聖書は二十九の書物ですということがはっきり決められていなかったのですが、この時代にマルキオンという人物が登場します。現在のトルコにあるシノペという町の出身で、西暦一三五年頃にローマの教会に現れます。しかし当時のローマの教会が保持する伝統とはかなり異なった、独自のキリスト教理解を主張したため、一四五年頃にローマの教会を追放されました。そこでマルキオンは自分の教会を立ち上げ、独自の理解に基づくキリスト教を広め始めました。これが当時の人々にはかなり受け入れられたようで、ローマ帝国中に広まることになります。その後数百年にわたって、エイレナイオスやテルトゥリアヌスといった古代の神学者たちはマルキオンの教説への反論に多大なエネルギーを費やすことになりました。記録によれば、マルキオンの教会はなんとイスラームが台頭した十世紀頃まで、正統教会とは別に東方において存続していたと言われています。

マルキオンの聖書

現在はマルキオンの伝統を受け継ぐ教会は途絶えましたので、マルキオンの考えは正統教会の神学者たちが書いた反論書から再構成するしかないのですが、そこから見えてくるマルキオンの主張には目を見張ります。まず、ヘブライ語聖書すべてを正典から外しました。理由は簡単です。マルキオンによれば、ヘブライ語聖書の神は新約聖書の神とは別だというのです。ヘブライ語聖書の神は世界を創造しましたが、その性格は嫉妬深く、人間の扱い方は不公平で、義ではあっても善ではないと言います。自分の創造を後悔して大洪水を引き起こし、殺してはならないと命じておきながら自分の民に戦争を命令し、愛と信仰を教えながら律法の遵守こそ救済の保証であると言う神は、新約における善であり福音であるイエス・キリストの神とはまったく別の神であるとマルキオンは断言しました。

さらにマルキオンは新約聖書も、ルカ福音書および、牧会書簡とヘブライ人への手紙を除いた十巻のパウロ書簡のみとしました。使徒言行録、公同書簡、黙示録は排除されました。ルカ福音書とパウロ書簡もマルキオンの手で編集がほどこされ、イエスの誕生であるとか、イエスの洗礼、荒れ野の誘惑、イエスの昇天の記事は削除されました。

つまりマルキオンの教説では、イエスはある日突然この世に登場した憐れみ深い善の神であり、十字架の死によって人々をヘブライ語聖書の神から救った贖いの神であり、このイエスの教えをヘブライズムから切り離して正確に伝えたのがパウロであるということになるようです。

「私にとってのイエス」

こう言うと、なんだかどこかで聞いたことのある話だと思われた方もいるかもしれません。たまにキリスト者でない人が「私にとってのイエス」みたいな本を書くと、何となくこんなイエス像が提示されることがあったりしないでしょうか。多くの場合それは聖書の中から読み手の好みに合う箇所を都合良く取り出してつなぎ合わせ、好みに合わない箇所は無視するという形で行われるように思います。マルキオンはこれを、書物の選別とテキストの改変という実に大胆な作業によって、千九百年前にやってのけたと言えます。

マルキオンの背景と現代

マルキオンの二元論的な聖書理解はある意味でたいへん分かりやすく、受け入れやすいものに感じます。さらにこの二元論から導き出される信仰論は妖しい魅力を放ちます。マルキオンの教会の人々は、日常生活において節制した生活を送り、極端なまでの断食もし、殉教に備えることをいつも意識していたといいます。この世の物質的なものはヘブライ語聖書の創造神に属することなので、それを遠ざけることは新約聖書の霊の神に近づくことだと考えていたようです。洗礼と聖餐にあずかることができるのは、この節制生活を受け入れた人々だけでした。当時のローマ文化は退廃的な風潮が強かったと言われていますので、マルキオンたちの禁欲ぶりはかなり目立ったと思われます。そしてローマの退廃した生活に大なり小なり疑問を持っていた人々には、それは魅力的に映ったことでしょう。これもどこかで聞いたような話です。大量消費と飽食の現代社会において、社会と隔絶した禁欲生活を行う宗教が人々を惹きつけることがあります。あくまで推測ですが、マルキオンの教会は、こうした現代の厭世的宗教団体に似た雰囲気を持っていたのかもしれません。

正統教会とマルキオン

近年の研究によって、マルキオンが当時の正統教会に与えた影響はとても大きいものであることが分かってきました。といっても、マルキオンの言ったことがそのまま取り入れられたというわけではなく、マルキオンが問いを投げかけたおかげで、正統教会は自分たちの信仰がいったいどういうものであるか考えるようになったという意味においてです。特に、マルキオンの聖書に関する問題提起は無視できるものではありません。

第一に、聖書テキストに一切手を加えないというキリスト教の正典への姿勢が確認されました。マルキオンへの反論を行ったエイレナイオスは、別のところで聖書論についても述べています。そこでエイレナイオスは、正典、特に新約の権威は使徒に由来するのだから、聖書のテキストを改変することなど許されないと主張しています。おそらくエイレナイオスは、正典を好き勝手に取捨選択し、テキストを改変さえしたマルキオンを強く意識してこう言ったと推測できます。

第二に、ヘブライ語聖書の正典としての地位はむしろ強められたと言えます。ヘブライ語聖書と新約聖書における相違には注意しつつも、両者の連続性についての洞察が深められました。新約のプリズムを通してヘブライ語聖書におけるさまざまな出来事を信仰的に解釈しようとする試みはこれ以降さらに進展していくことになります。こうしたいわゆる霊的な解釈は現在のプロテスタント教会ではそれほど一般的には語られないかもしれませんが、新約をヘブライ語聖書の預言の成就として、両者に救済史的な一貫性を見出す聖書の見方は、現在でも聖書日課などに色濃く見られることは皆さんお馴染みの通りです。

ルターの聖書論

こうした聖書の一貫性の強調は、宗教改革で新たな局面を迎えました。ルターはどちらかというとこの問題を批判的にとらえ、聖書の一貫性は否定しませんでしたが各書物の関係性を対立的にとらえました。たとえばヘブライ語聖書のテーマを律法、新約のテーマを福音としたり、ローマの信徒への手紙のテーマを信仰、ヤコブの手紙のテーマを行為としたりというようにして、聖書の中に対立構図を見出しました。

ルターの聖書観はその後四百年あまりにわたって、おもにルター派の中で無意識のうちに継承されていくことになります。たとえば、ヘブライ語聖書を、世の光イエス・キリストが登場するための暗黒の背景とし、福音書に登場するファリサイ派や律法学者たちはその暗黒の最後の現れであるという見方です。つまり、福音書におけるイエスとファリサイ派や律法学者たちとが対立構図をなしており、それをそのままヘブライ語聖書と新約の対立構図ととらえる見方です。もちろん今ではイエスとファリサイ派や律法学者たちの関係はそんな単純なものではなかった、もっといろいろな角度から見ることができるというのは常識ですが、百年ほど前までは一流の神学者であってもこうした見方を無意識のうちにしていて、聖書の見方そのものをもっと多角的にとらえようなどとは思いもしないというのがむしろ普通だったりしました。

ハルナックと聖書

実際、十九世紀後半期から二十世紀前半期にかけて活躍したドイツの歴史神学者アドルフ・フォン・ハルナックは、一九〇〇年に出版した著書『キリスト教の本質』の中で、福音書に登場するユダヤ人の指導者たち、ファリサイ派、律法学者らについて次のように述べています。

「イエスはただちに民族の公式な指導者たち、すなわち卑劣な人々とは正反対の方向へ進んでいった。彼らは神のことを、その一家の秩序の儀式を監視する専制君主としてとらえたが、イエスは神の現存のなかで呼吸した。彼ら指導者たちは神を、彼らがその手で山あり谷あり無駄道ありの迷路にしてしまった律法の中にのみ見いだしたが、イエスはあらゆるところに見いだしかつ感じた。指導者たちは神に関する幾多の律法を持ち、それによって神を知っていると信じていたが、イエスは神についてたった一つの掟のみを持ち、それによって神を知っているとした。指導者たちは宗教を誤った生業にしてしまった――これ以上忌まわしいことはない――が、イエスは生ける神と霊の高貴なることを宣べ伝えた」。

そんな単純な図式で片付けてしまっていいのだろうか、と今なら思いますが、百年くらい前はこれが普通の見方でした。聖書とはこういうふうに読むものだ、という前提が知らず知らずのうちに共有され、染みついているので、誰も自分たちが色メガネをかけて聖書を読んでいることに気がつかなかったのです。もっとも、これは今の私たちにも言えることかもしれません。

「聖書バベル論争」とマルキオンの聖書論

さらに、十九世紀以降の考古学や文献学あるいは解釈学の進展がこれに拍車をかけました。ヘブライ語聖書と古代アッシリアあるいはバビロニアなどの文学との類似性が指摘され、あるいは福音書におけるイエスの奇跡物語を合理的に説明しようとする試み、いわゆる「聖書バベル論争」などが行われるようになると、要するに聖書の使信で最も重要なのはイエスの言葉と行動であるとする傾向が強まりました。これは見方によってはルターが描いた聖書の中の対立構図をさらに先鋭化させているとも言えますし、もっと別の見方をすれば、まさにあのマルキオンがしようとした聖書の書物の取捨選択とテキストの改変まであと一歩と言ってしまっていいかもしれません。

ふたたびアドルフ・フォン・ハルナックの言葉を引用したいと思います。一九二九年に出版したマルキオン研究の大著『マルキオン』の中でハルナックは次のように述べています。

「彼（マルキオン）は彼自身そう願っていたように、実際、パウロの追随者の一人であったし、真の改革者として使徒たちの闘いを再演していたのである。ゆえに、ネアンダーがマルキオンのことを最初のプロテスタントと呼び得たことは誰もが首肯できよう」。

「アウシュヴィッツ以後」の聖書論

しかしこのような聖書の見方に疑問を投げかけたのは第二次世界大戦におけるユダヤ人虐殺、ホロコースト（ショア）でした。戦後になってキリスト教会もユダヤ人迫害の一端を担うようなところがあったのではないかという反省が行われるようになると、自由主義神学におけるヘブライ語聖書への比重の少なさが反ユダヤ主義を生み出す土壌になったのではないかという批判がされました。こうした歴史的、さらに言えば政治的反省から、ヘブライ語聖書と新約聖書の連続性が神学において再び重視されるようになり、今日に至っているわけです。ユダヤ教の正典としてのヘブライ語聖書の理解がキリスト教神学の中で進展し、今ここにいるユダヤ教徒が、ヘブライ語聖書について、あるいはイエスについてどのような見方をしているのかということに、より大きな比重が置かれるようになりました。他方で第二次世界大戦以前からの自由主義神学の潮流は戦後も完全に途絶えたわけではないので、こうした現代の歴史的文脈のまっただ中にいる私たちは、批判的な聖書解釈理論と歴史的反省の緊張感とのあいだで複雑な聖書の読み方をしているという事実を確認しておきたいと思うわけです。

カルヴァンの聖書論

他方でカルヴァンの見方も取り上げておかなければなりません。ルターと対比すると、カルヴァンの見方ははるかに総合的です。カルヴァンはヘブライ語聖書と新約聖書の相違を慎重に区別しつつも、神による救いの契約の意義そのものの不変性を強調しました。律法と福音は決して対立的なものではなく、連続的に示された神の救いの恵みであることの変わりはありません。ただ、人間から見た場合、律法はイスラエルの人々のみに限定された生活規則であるかのように見えるけれども、福音はすべての人に与えられた神の言であって、両者は神の計画の中で連続しているというわけです。ですからたいへん興味深いことですが、カルヴァンはヘブライ語聖書における割礼を、新約聖書における洗礼と同じ意味を持つ、神による可視的な救いのしるしであると理解しました。つまり、割礼を受けている人は改めて洗礼を受ける必要はないという解釈が成り立ちます。カルヴァンのこの割礼理解は普段はほとんど注目されないのですが、やはり第二次世界大戦後にユダヤ教とキリスト教との対話が行われるようになった中で取り上げられるようになりました。

つまりこういうことです。カルヴァンに従ってヘブライ語聖書における神の救いの契約が新約との連続性の中にあるとするならば、まず少なくともイエス・キリストの到来以前にヘブライ語聖書に従って神を信じた人々は、イエス・キリストを信じる人々と同様に救われるということになります。この点に関しては多くのキリスト者が同意してくれるのではないかと思います。ではイエス・キリスト到来以後、つまり新約、新しい救いの契約が表されたあともユダヤ教徒である人々をどう考えるべきでしょうか。いやいや、イエス・キリストによって救いの業は完成されたのだから、ヘブライ語聖書だけを信じるのは不完全なままだ、それでは足りない、父と子と聖霊の名による洗礼を受けなければだめだ、という意見は当然あると思います。ではヘブライ語聖書はいつから不完全な代物になってしまったのでしょうか。神の言には不完全なものと完全なものの二種類があるのでしょうか。それとも、完全な神の言が、ある日を境に不完全になることがあるのでしょうか。

カルヴァンはこの点に関して『キリスト教綱要』の中で次のように明確に述べています。「洗礼と割礼とは同じように厳然とあり、それは内的神秘において、約束において、利益において、効果において最高に適合しているのを見る」（Ⅳ・一六・一二―一四）。

ラインラント州教会の挑戦

そしてこの考え方は現代でも実践を後押しすることがあります。一九八〇年、ドイツのプロテスタント教会の一つであるラインラント州教会は総会において一つの決議を採択します。それはホロコーストに対するキリスト教会の立場を明確にし、将来的にキリスト教とユダヤ教がどのように対話するべきかを示したものでした。この決議の内容のポイントは次のようにまとめられます。

⑴過去　①ホロコーストへの共同責任と罪責の告白
②これまでのキリスト教とユダヤ教の対話路線の肯定
③これまで主張されてきた、ユダヤ教に対する敵対的もしくは侮蔑的なキリスト教会内の言説の放棄

⑵現在　①イスラエル国の存在を救済史的に肯定
②ユダヤ人側によるキリスト教徒との対話への受容態度の評価
③ユダヤ人は今も神の選民であって、キリスト教徒と同じ神を信じるその証人であると認める

⑶未来　①ユダヤ人がキリスト教に改宗することを求めない

②終末的希望の共有

③個人、各個教会、教区レベルにおける両者の協調行動と対話の促進

おそらく私たちが目を見張るのは、(2)の③と(3)の①ではないでしょうか。すでに新約があるにもかかわらず、ヘブライ語聖書のみを神の言としている人々であっても、昔からのイスラエルの民と同じ選民であるとキリスト教会が認めるというのは、キリスト教会が唯一の救いの共同体ではないと言ってしまっているように思えます。さらに、ユダヤ人がキリスト教に改宗することを求めないというのは、洗礼を受けていないにもかかわらず宣教の対象にならない人がこの世には存在するということになりますので、宣教論のみならず、キリスト教の人間論にも関わる問いということになります。

もちろん、これはホロコーストの当事国であるドイツのキリスト教会が行った決議ですので、文脈のまったく異なる私たちまでこれに即座に同意しなければならないわけではありません。しかし、聖書とは何か、という問題として考えると、これは決して他人事ではない、重要な問題提起であると言えます。

つまり、ヘブライ語聖書だけでも完全な神の言である、新約というプリズムを通さなくても、ヘブライ語聖書の使信だけで神を信じるには充分であるとキリスト教の立場から言うことは適切なのかという疑問に対し、私たちは単なる神学理論の問題としてではなく、具体的な宗教間対話の観点から取り組む時代に生きているということです。

この決議を採択したラインラント州教会は、ドイツでは少数派であるところの、改革派が比較的強い州教会です。ちなみに一九三四年にナチスに反対するキリスト者たちによってバルメン宣言が採択されたのも、このラインラント州教会に属するヴッパータールの街にあるゲマルケ教会という教会で、ここは十八世紀に改革派の信仰を持つ人々によって自主的に創立された教会です。一九八〇年の決議とバルメン宣言には直接の関係はありませんが、個人的にはなかなか興味深い歴史的あるいは地域的連関があると感じます。

イスラームとの対話と聖書

こうした問題は決してドイツだけのものにとどまらないでしょう。日本も事実上の移民国家に移行しようとしています。おそらくはこれまで以上にムスリム地域の人々が日本に来ることが予想されます。日本のキリスト者として、私たちは日常的に彼らとどう接するべきでしょうか。ヘブライ語聖書を共有している彼らは私たちにとってどのような存在でしょうか。無神論者、仏教徒などと同じように、宣教すべき未受洗の人々なのでしょうか。それとも、同じ完全な神の言であるヘブライ語聖書を共有する、宣教対象ではない「みことばの家族」なのでしょうか。すでにムスリムの人々と日常的にお付き合いがあるという方もこの中にいらっしゃるかと思います。私たちは、ムスリムの人々と、神の言、ヘブライ語聖書を共有しているということの神学的意味を、単なる理屈ではなく、当事者として考える局面に来ているのかもしれません。

引用・参考文献

A・E・マクグラス著、神代真砂実訳『キリスト教神学入門』教文館、二〇〇二年。

Adolf von Harnack, *Das Wesen des Christentums, hg. Claus-Dieter Osthövener*, Tübingen ^{3}2012.

——, *Marcion, das Evangelium vom fremden Gott: eine Monographie zur Geschichte der Grundlegung der katholischen Kirche. Neue Studien zu Marcion*, Leipzig ^{2}1924 (Darmstadt 1985).

ジャン・カルヴァン著、渡辺信夫訳『キリスト教綱要　改訳版　第四篇』新教出版社、二〇〇九年。

加納和寛「ユダヤ人とキリスト教徒は『同じ神の民』か？——ラインラント福音主義州教会決議の三五年」神学研究（63）、二〇一六年三月。

神学講演⑤（実践神学）

聖書と現代の神学

聖書と説教

中道基夫

中道基夫（なかみち・もとお）
関西学院大学神学部、同大学院博士課程前期課程修了。ハイデルベルク大学神学部神学博士。関西学院大学神学部教授。
著書　『現代ドイツ教会事情』（キリスト新聞社）、『天国での再会——キリスト教葬儀式文のインカルチュレーション』（日本キリスト教団出版局）他。

はじめに――実践神学と聖書

聖書に関する実践神学的課題として、礼拝における聖書、聖書と説教、聖書研究会、聖書と牧会、ディボーション・聖書通読、聖書科教育、聖書頒布等が挙げられます。

特に聖書の翻訳と礼拝とは密接な関係にあります。聖書の翻訳が変わりますと礼拝が変わってきます。礼拝の中で聖書が読まれるわけですから、説教ならびに式文が変わってきます。例えば、聖書の翻訳が変わることによって、式文に引用される聖書の言葉も変わってきます。結婚式で語られる「男は父母を離れて、妻と結ばれ二人は一体となる」という言葉がありますが、少し極端な例ですが、もし聖書協会共同訳の別訳に従うならば、「男は父母を残して」という言葉になります。「父母を離れて」と「父母を残して」では、だいぶんイメージが違ってきます。さらに、聖書の翻訳が変わると賛美歌も変わってきます。もちろん、既成の賛美歌の歌詞が変わるということはないかもしれませんが、新しく賛美歌が作られたり、改訳される場合に、新しい聖書の言葉が賛美歌に影響を与えることになります。翻訳が変わるということは大きな刺激を教会や礼拝に与えることになります。

牧会学においても、傾聴ということが重んじられる一方で、牧会的対話の中で聖書をどのように用いるのかということが重要なテーマです。また、日々の信仰の養いとして、聖書を読むという習慣、また教会で聖書研究をする目的であったり、その方法についても考えなければなりません。さまざまな聖書翻訳が出版されることで、聖書の理解に対する刺激になりますが、その翻訳の問題点や課題、その舞台裏などが話題になると「聖書に記された神の言葉を聞く」ということはどういうことなのだろうか、ということも問われてきます。

1　聖書的説教が聞きたい

そのような実践神学的な聖書に関する課題の中で、今回は聖書的説教というテーマに絞って考えていきたいと思います。

教会に牧師斡旋の人事を進めさせていただく中で、教会から牧師の条件が出されます。その中で、一番に挙げられるのが、「聖書的な説教をしてくださる牧師」、「聖書に基づいた説教をしてくださる方」というリクエストです。それで推薦する側としては困ってしまうわけです。今紹介しようとしている牧師が、聖書的な説教をしている人かどうか、そもそもこの教会が求めている聖書的な説教というのはいったいどういうことなのか、ということも考えてしまいます。また、なぜこの項目を特に強調されるのでしょうか。現在の牧師に対する不満の表現なのか、それとも現任の牧師の説教に対する姿勢を維持したいということでしょうか。その背後には、聖書的でない説教の経験があるのだろうと思います。それが切実なわけです。

実は牧師も逆の経験をして、困っています。おそらく多くの牧師が、教会員からやんわりと「先生、もうちょっと聖書に基づいたお話をしていただくと、私たちも分かりやすくて嬉しいんですけど」と言われたことがあるのではないでしょうか。ただそう言われても自分では聖書的な説教をしているつもりなんだけれど、何が違うのだろうかと悩んでしまいます。

この聖書的説教が大きなテーマです。アメリカの説教学者のリシャーが、「聖書的説教を否定する牧師に出会うことはあまりないが、それと同じくらい聖書的説教に出会うこともまたあまりない。……聖書的説教は危機に瀕している。説教者は、聖書にある『永遠の真理』の深遠さに対する褒め言葉を一言二言語ることで、説教を始めるかもしれないが、やがてすぐに、その説教で聖書が用いられるのは、説教者自身のアイディアを補足するためでしかないことが明らかになる」（『説教の神学』一三二頁）と書いています。「聖書的な説教は危機に瀕している」というのはアメリカの話だと、突き放すことができません。おそらく日本の教会の牧師のほとんどが、「私は聖書的説教をしている」と自負しておられると思いますが、教会員からすると「聖書的な説教を聞きたい」と思っておられるかもしれません。ただ、教会員の方はどこかで「聖書的説教とは何か」ということを学ばれて、その概念に基づいて牧師の説教を批判されているわけではなく、何か感覚的に齟齬を感じておられるのではないでしょうか。

2　アンケートから考える

このセミナーにおいて、参加者のみなさんに、牧師と信徒に分けて、それぞれに「あなたにとって聖書的説教とは？」「こんな説教は聖書的説教とは言えない」というアンケートを取らせていただきました。その一部を少し文言を整理して紹介します。

信徒の意見　あなたにとって聖書的説教とは？

・釈義がしっかりとできていて、人の思いではなく、神の言葉を語るもの。
・聖書について新しい発見がある。
・説教を聞いた後、聖書を手に取り、その該当箇所を再び読みたくなるような説教。
・十字架につけられたままのキリストの愛と赦しが伝わってくるもの。
・現代に生きる私たちにとってどういう意味を持つか、その御言葉を踏まえてどう生きればよいか、ということを教えてくださるような説教。

信徒の意見　こんな説教は聖書的説教とは言えない。

・釈義ばかりでメッセージが届かない。
・聖書の教理的解釈に終始する説教。
・時代背景、文脈を無視し、聖書の部分的文章だけで語られる説教。
・教会、教派（牧師）の権威を強調する。
・個人のエピソードや主張したいことのサポートデータとしての聖書箇所への言及。
・自分の体験だけを語り、聖書的根拠の乏しい説教。
・一時の感動で終わってしまうもの。

牧師の意見　あなたにとって聖書的説教とは？

- 原典に込められた意味を踏まえつつ、聴衆の直面する課題、また社会の抱える問題を通して、聖書の伝えるメッセージを伝えるもの。
- 聖書の言葉が残る説教。
- 聖書から今の世界に生きる活力を与える説教。
- 私、会衆が聖書に引き込まれて、勇気、可能性が与えられ、私は何をすればよいのか、キリスト者の生を感じ、考えられるメッセージ。
- 福音が自分のこととして、生活の場に力を得られる説教。
- 説教者自らが聖書の言葉に打たれ、そこから、会衆に釈義、人生体験を踏まえて紡ぎ出す言葉を語る。

牧師の意見　こんな説教は聖書的説教とは言えない。

- 自分の主張に都合のよい聖書テキストを引っ張ってくるもの。
- 聖書箇所がどこであっても展開、結論がいつも一緒。
- なぜ、その聖書箇所が読まれたのか明確でない説教。
- 聖書の説明だけで、聖書解釈をひたすら紹介するもの。
- 伝えたいメッセージが先行し、そのメッセージの話がキリスト教の考え方と合うことを説明するために短く引用するような説教。

・牧師の個人的な考えや体験ばかりを語る説教。
・説教者が会衆から乖離している。

このアンケートを見ると、信徒の意見と牧師の意見とで共通するものがありますが、信徒の言葉がどちらかというと迫ってきます。信徒の方は「釈義がしっかりできている」ことを求めておられますが、一方で「その釈義をひけらかす説教はやめてほしい」とも言われています。牧師も原典に込められた意味というものを踏まえ、語ることを大切にしつつ、そこから現代のわれわれへの適応への展開を重視されています。「聖書の言葉が用いられ展開され、その言葉が残る説教」。これは後で紹介するバルトの主張と共通するものです。信徒の意見としては、もっと自分たちの生活に関わってほしいというような意見が見られますが、牧師が生活感を出そうとすると、人生の現場に関する解釈や主張に傾く説教はやめてほしい、自分の体験だけを語る説教は聞きたくないという反応も返ってきます。

ざっくりとまとめると聖書的説教とは、しっかりと釈義がされて、それが解釈され、現代的な意味が語られて、聖書と生活とが結び付いていて、聖書に基づいてイエス・キリストが語られている説教であると言えます。また、牧師の個人的な意見、釈義のみ、聖書の説明、いつも同じ結論、説教者と会衆との乖離が見られるものは聖書的説教ではないと言えます。

根本的な問題としては、現代社会は世俗化し、また高度に科学技術や医療などが発達し、価値観も多様化している中で、聖書の言葉はそう単純には現代の問題や生活の現状にそのまま当てはまるというわけにはいきません。釈義や聖書言語分析やその背景になる歴史や社会状況の研究は高度に進んできました。しかし、それだけにしっかりと釈義をしなければなりません。ただ、それだけではどうもうまくいかない問題があるようです。

3　聖書的説教とは？

歴代の神学者たちは聖書的説教についてどう言っているのか、ということを概観したいと思います。

まずカール・バルトは、「この説教の目的は、聖書本文をして特別に語らしめることであり、思想体系ではなくて聖書本文があとに残ることである。提起された問題や心を魅する物語ではなくて、聖書本文が思い起こされることである。美しい、あるいは感動的な説教だったと言われる時には、それは良い徴ではない」（『説教の本質と実際』六一頁）と言っています。先ほどのアンケートの中にも「聖書本文が後に残る」ということが言われていましたが、「提起された問題や心を魅する物語ではなく、聖書本文が思い起こされることである」「美しい、あるいは感動的な説教だったと言われる時には、それは良い徴ではない」と言われているように、聖書本文が立つ説教であると言えます。「先生、今日のお話、よかったです。先生の体験談はとても感動的でした」と言われるときには、それはバルト的にはあまり良い説教とは言えません。

次に、ボンヘッファーです。おそらく多くの方が共感する言葉だと思いますが、彼は「説教とは『聖書解釈』であることである。……もし説教の根拠と意味――義認――が、啓示、教会、委託、務めの中に求めなければならないとするならば、説教者は自分自身の体系を言い表すこと、つまり自分自身に関することや、人間仲間の生活、社会、世界情勢に関して知っていることを言い表すことであるとは、考えることはできない」（『説教と牧会』九五頁）と、聖書解釈の重要性、また説教者の思想体系との違いを語っています。

次に、日本で「聖書的説教」を唱える神学者として有名な渡辺善太です。彼は「徹頭徹尾『聖書に始まり、聖書により、聖書に終わる』説教である。そして構造的にいえば、そのテキストが、聖書の聖句からとられるだけでなく、そのテキストが示している主題が、首尾一貫し、一つの論理によって貫かれ、そして高められ、深められ、広げられて、その全体が上昇的にまた下降的に、あるいは機能的にまた演繹的に発展させられ、そして全体が徐々にしぼられて、聖書的に結論づけられる説教である」（『聖書的説教とは？』二四頁）と定義しています。

ハイデルベルクの説教学を牽引し、日本の教会とも親交のあるボーレンは、「われわれが説教しなければならないのは、テキストではなく、御名である」と言っています。「御名を説教する」というのは、「きのうもきょうも永遠に『変わらない』方そのものを説くのである。われわれが、聖書の中にある原記録に基づいてみ名を得ているのであるということ、テキストがみ名について語るがゆえにのみこれを説教しうるのだということ、このことは、み名を、み名そのものを説教するという課題にくらべれば、二次的なものなのである」（『説教学Ⅰ』一八四頁）と説明しています。御名を説教するというのは、「父なる神、子なるキリスト、聖霊のみ名において」、つまり「ヤハウェについて旧約聖書の神について語ることによってのみキリストを説くことができる。イエスを語ることにおいてのみ、ヤハウェの旧約聖書の顕現がそこにある。キリストについて語ることは、ヤハウェについて語ることである。神は父と子と聖霊において自己を啓示なさるがゆえに、三つの名を持つ。一人一人について語る、その三つの名で呼ばれているお方が一つとして再結合されるときに、説教は力を得る」というのがボーレンの主張です。

植村正久は「日本プロテスタント教会史上の最大の説教者」と言われています。植村正久は聖書的な説教をしていて、聖書的な説教をしていたがゆえに、最大の説教者と言われるのかというと、そうではないような感じがします。植村の説教の評価は、大体にしてその内容がよく「分からない」と言われています。では、なぜ「日本プロテスタント教会史上の最大の説教者」と言われるのかと言いますと、植村正久の弟子とも言うべき小野村林蔵が、「短驅肥満の植村先生が、その闘志横溢の面魂を教卓に運ばれる光景は一種感銘あるものであり、もしそれ霊感潮のように至り、先生の気たかまり、情熱する時、満堂は感激の静寂に封ぜられ、一人の身動きするものもなく、敬虔な緊張が堂を圧する光景はまことにて、感銘深いものであった。そうしたときの先生の容貌は、一種の輝きをさえ帯びているように感ぜられた。深い感激と共に説教が終わると、多くの場合に、私の胸は敬虔なへりくだりと祈り心とに満たされた。そして祈らではおられぬ心持ちの溢るるがまま、心から黙禱をささげるのが常であった」(『論文・説教・論説』四八一頁)と、植村正久の説教の魅力を語っています。ここでは聖書的な説教というわけではなくて、腰構えといいますか、堂々としたその気迫というものが重要だったみたいです。聖書的な説教というよりも、そういうその人の人格からあふれ出るようなものに魅了されていました。でも、そういう振る舞いを神学部の説教演習の中で練習するわけではありません。おそらく現代ではそのような説教者としての気迫よりも、むしろ聖書的な説教が求められているのではないかと思います。

4　聖書的説教の問題点――テキスト偏重から聖書全体へ

ただ、この聖書的説教というものが問題になる背景には、テキスト偏重があるのではないでしょうか。その説教は正しい説教であるかどうか、というのはどこで判断されるのでしょうか。先ほどのアンケートにもありましたように、現代の神学の流れから言うと、説教が聖書に基づいているかどうか、聖書が語っていることを忠実に読み取っているかどうかということが教会員にも、また牧師にも大きな関心事としてあるのではないでしょうか。この説教は聖書に基づいているのか、また、原典を読み、聖書の注解書を見て、辞書を見て、聖書をよく調べて話しているかどうか、ということに説教の正しさを求めようとしているのではないかと思うのです。そこで自分はきちんと調べて説教をしているということを表現するために、いきおい聖書の説明的な説教になってしまうことがあります。

そこで、日本の教会の中でも聖書の歴史批評的研究というのが、非常に重んじられてきました。注解書がないと説教はできない、注解書を持たないで牧師になるつもりか、ということがよく言われていました。

ただそこに、聖書の断片化ということが起こっていないのだろうかという疑問があります。これは聖書学が悪いというわけではなく、確かに聖書をよりよく理解するためには、聖書の言葉を細かく分解してその一つ一つを理解していくということは非常に重要なことです。

それは、聖書学だけの問題ではなく、現代は細かく分析することに非常に慣れていますし、そこで本当のことが分かるという考えがあります。細胞レベル、遺伝子レベルまで私たちの身体というのは分析されます。また精神的・心理的な問題にしても、分析されることによって、さまざまな事柄の原因やまたその解決法などが語られます。それは重要なアプローチですが、そこで私全体というものは何なのかということが見失われてしまったのではないかと思うのです。

現代は、全体としての自分を理解することも、私という全体を理解することも分からなくなってしまったのではないでしょうか。それと同じように、聖書も細かく断片化され、その一つ一つは一〇〇年前に比べて遙かに詳しく、細かく理解できるようになったけれども、この聖書全体が一体何を言っているのかが分からなくなってしまったのではないでしょうか。それはまるで電気製品を分解して、その構造はよく分かったけれども、それをもう一度組み立てようとすると、うまくいかずに、もう使えなくなってしまったことに似ているように思います。

また現代では、歴史的であるということに大きな価値が置かれています。神学では、史的イエスというものが問われます。私たちは聖書に対する歴史的な関心というものを強く持っています。つまり聖書に書かれていることが、本当に歴史的な出来事であったのかという問いです。「ノアの箱舟って本当にあったのですか」「出エジプトってあったのですか」「本当に聖書に書かれている奇跡的なことが起こったのですか」などと問われます。聖書に書かれていることが史実でないのであれば、信じるに値しないと言われます。そこで、キリスト教にもその史実性をなんとか証明して、人々を納得させたいという思いがあります。

そこには歴史的なことだけが「真実」である、史実ではないものは「嘘」「まやかし」であるという考えがあります。

イエスの存在、イエスの復活ということもその史実性が問題になり、史的イエスの研究というものがなされてきました。しかし、現代は史実性を証明する限界にぶち当たっています。史的イエスを突き詰めていったら、いろいろなことが分かり、イエスの時代背景というものは明確になったけれど、それではすべての史実性が解明されたかというとそういうわけではなく、分からないというところに到達したわけです。分からないということに到達して、それでは聖書はまやかしの作り話なのかということが問われてきます。しかし、そこで私たちは「真実」であるということの意味をもう一度取り戻さなければなりません。

史的イエスへの関心が高まる中で、イエスの生き方への関心も高まってきました。その当時の社会的な状況の中で、イエスの生き方が持っていた意味、その新しさ、その衝撃について語られ、その現代的な意味に注目されます。教会の中でも、「私はイエス様は好きですけど、パウロは嫌いです」「イエス様の生き方はすばらしいです。でもパウロが言っているようなことは、私はあまり好きじゃないです」というような発言が見られます。イエス様はどう生きたか、そういう生き方に私たちは学びましょう。イエス様の生き方を聖書から問い、説教をするという傾向もあります。それはそれで重要な視点であると言えますが、聖書全体が語るメッセージというものより、聖書の中から自分の好きなものを選択して理解しようとしていないだろうかと思います。聖書的な説教というものも、聖書テキストについての説教から、聖書全体から説教するということへと少し視点を移していかなければなりません。

5　誰が説教しているのか

「聖書全体から説教する」ということを言いましたが、少し複雑な話になりますが、誰が説教しているのかという問いについて少し考えたいと思います。

説教には、語られた説教と、聞かれた説教があります。つまり、説教は説教者がしていますが、それと同時に聴衆は語られた説教の中から自分にとっていいものだけを選び取って、説教として持って帰っている場合があるということです。そして、その聞かれた説教の方が、語られた説教よりも重要ではないかということが言えます。別な例で言うと、一枚の絵を見るとき、この絵を作者はどういう意図や思いを持って描いたかということを知ってこそ、その絵を本当に理解できるということが言われます。しかし、その一方でその絵を見た人がその絵から何を受け取ったかということのほうが大切だということも言われます。そこで受け取られた絵の意味は、作者の意図したものとは違うかもしれませんが、しかし、受け取ったメッセージにその絵の真実があるとも言えます。説教者が何を語ったかというよりも、聴衆が聞き、聴衆の記憶に残ったメッセージが、その日の説教であったと言えます。聴衆はそこから自分の生活に合うものだけを選んだり、自分が聞きたいものだけを選んで、そのワンフレーズだけを持って帰るということもあります。聴衆の記憶に残った説教が説教。つまり聖書的な説教ということを考えるならば、牧師が聖書的な説教をしているかということより、信徒の方で聖書的な説教の聞き方というのがある。それにそぐわないと、あの牧師の説教は聖書的ではないと言われる可能性があるということです。そうすると、何を聖書的なものとして聞こうとしているのかというところに、教会の課題があります。説教から「何でも好きなものをみなさん持って帰ってください」ということではなくて、「こういうことを聖書から聞きましょう」ということを共有する共同体の形成ということが必要ではないかと思うのです。

6　参加型思考による聖書へのアプローチ

マルティン・ブーバーが、「メロディーは音から成り立っているのではなく、詩は単語から成り立っているのではなく、彫刻は線から成り立っているのではない。これらを引きちぎり、バラバラに裂くならば、統一は多様性に分解されてしまうにちがいない。このことは、私が〈なんじ〉と呼ぶひとの場合にも当てはまる」（ブーバー『我と汝・対話』）と語っていますが、これは聖書というものにも当てはまるのかもしれません。このように読み替えることができるのではないでしょうか。「聖書は個別のテキストから成り立っているのではない。これらを引きちぎりバラバラに裂くならば、統一は多様性に分解されてしまうにちがいない。その時私たちは神を、聖書を汝と言うことはできない」。メロディーを一つ一つの音符に分解するのではなく、メロディそのものを味わい聞かなければなりません。そのように、聖書の言葉を個別に分解するのではなく、聖書そのものを取り戻す必要があります。もう釈義はいらない、聖書学はいらないということではありません。

そうした聖書学的なアプローチと共に、その全体性を取り戻すために、論理物理学者で哲学者のデヴィット・ボームという人の言葉を参考にしたいと思います（『ダイアローグ』）。ボームは参加型思考というものをもう一度取り戻す必要があるということを言うわけです。エスキモーの人たちがアザラシを見る。アザラシは個別でいろいろなアザラシがいるのですが、その一体一体のアザラシは、アザラシという一つの霊に集約される一頭なのです。つまりアザラシという個別のアザラシがいるのではなくて、アザラシという全体の一つ、アザラシという全体から私たちは命をいただく、という考えを持っているというのです。私たちの間には昔そういうものがあった。宇宙とか自然とかというものが、一体であって、私たちとそれは分裂して考えるのではなくて、むしろ私たちはその一部であり、全体として一体であるという考えがあったというわけです。そのような考え方を参加型思考と呼んでいます。

聖書をこのような参加型の思考で考え、聖書の物語の中に参加していくということが必要です。例えば、ローマ書八章二二節に「被造物がすべて今日まで、共にうめき、共に産みの苦しみを味わっている」言葉があります。被造物という全体を見て、そこへ自分たちも加わり、そこに、すべて分子レベルまで分解していくのとは違う発想がここにあるように思います。

かといって、全体というものが絶対であるわけではなく、全体を認識したと理解したときに、私たちはその全体性を批判的に問うことのできる個別のテキストに目を向ける必要があります。個別のテキストによって、硬直した全体性が壊され、再構築されることによって聖書の全体性はやわらかな力を回復すると言えます。聖書全体ではこういうことを言っているのです、という理解が硬直していくと、むしろ本当の個別性が分からなくなってくる。それをやわらかくしていくためには、個別のテキストを研究していくということが非常に重要ですが、しかし分解されたままではなくて、もう一度一つの聖書としてその全体性を取り戻すことが私たちにとって必要であると思うわけです。

それは救済史的・終末論的な視点、私たちはアブラハムの祝福から神の国に至るまでの神の物語の中にいて、それを意識する。バルトの「旧約聖書は前方を指し示し、新約聖書は将来から後方を指し示すもの」という言葉が表す神の歴史に私たちは参加し、私たちはその一部であることを知る。そういう視点をもう一度取り戻して、その全体の中から個別の聖書を見るということが、必要ではないかと思います。

おわりに――終末論的信仰を取り戻す

参加型思考というのは、私たちは聖餐式で経験しているわけです。パンと杯を分かち合うことによってイエスと一つであることを経験しています。そこに私たちは一つということ、神の歴史に参加するという礼拝を経験しているわけです。私たちは神の国の食卓に参加する、自分はその食卓に受け入れられ、神の国の到来という希望に参与している、というこの大きな歴史の流れの中にあります。「旧約聖書は前方を指し示し、新約聖書は将来から後方を指し示す」、私たちはその歴史の中にいる。

しかし、一般的な歴史観で言うならば、そんなものはありません。そんな歴史はあるわけないじゃないですか。参加型思考によって全体性を取り戻すというのは、そういう歴史の証明によってのみ成り立つ真理ではない真理を私たちが選び取っていく。この世の歴史ではなく、神の歴史を語っていくという挑戦をしていかなければ、聖書の復権というものはありえません。この歴史によってバラバラになった聖書を、もう一度全体として理解し直さなければなりません。

自分たちを支配している物語が、神の物語によって置き換えられ、希望が共有される経験こそ、礼拝である。その礼拝の中で読まれる聖書、その聖書に記された神の物語を伝える説教を見直す必要があります。

一つのテキストから、聖書に記された神の物語、聖書を生み出し、聖書から始まり、聖書が指し示す未来にまで続く神の物語を語る視野を持たなければなりません。そういう視点を持つとか、そういうふうに考えるということではなく、その神の物語に自分も連なっている、そこに参加している実感の中で、自分自身を発見し、自己理解や、この世理解を持つことによって断片化された社会に癒しを語ることができるのではないかと思います。

聖書的な説教とは、終末論的な出来事である礼拝の中で聖書の全体性を取り戻す説教であると言えます。

引用・参考文献

リチャード・リシャー著、平野克己／宇野元訳『説教の神学――キリストのいのちを伝える』教文館、二〇〇四年。

カール・バルト著、小坂宣雄訳『説教の本質と実際』新教出版社、一九七七年。

ディートリヒ・ボンヘッファー著、森野善右衛門『説教と牧会』新教出版社、二〇〇三年。

渡辺善太著『聖書的説教とは?』日本基督教団出版局、一九六八年。

ルドルフ・ボーレン著、加藤常昭訳『説教学Ⅰ』日本基督教団出版局、一九七七年。

小野村林蔵著『小野村林蔵全集　第1巻　初期　論文・説教・論説』新教出版社、一九七九年。

マルティン・ブーバー著、植田重雄訳『我と汝・対話』岩波書店、一九七九年。

閉会礼拝

受け継いで歩む

井上 智

井上 智（いのうえ・さとし）
関西学院大学神学部助教。
2002年関西学院大学大学院神学研究科修了、博士課程後期課程満期退学。2002年より、岩手県にある日本基督教団日詰教会主任担任教師、日詰幼稚園副園長となる。2005年には園長となりキリスト教保育に携わる。2010年度には認定こども園ひかりの子を開設し保育所を開所、2016年度より関西学院神学部教員（旧約聖書学担当）、2019年度より関西学院宗教センター宗教主事に就任。現在に至る。

閉会礼拝（1）

式文構成・司式：井上智

本文中の「注」は、この式文を礼拝の場で使うことができるようなヒントを入れることを中心にした。

準備物：折り紙、用紙を回収する籠（なければ封筒でも可）

座席の配置：この礼拝では「回収」と「配布」のしやすさから右と左に座席があり、真ん中に通路がある一般的な座席の配置とした。

前奏

〈招きの言葉〉

招き（2）

二〇一八年度の神学セミナーのプログラムも残すところ閉会礼拝

（1）閉会礼拝では、歴史の中で聖書翻訳がなされてきたことを実感するために、同じ聖書箇所について日本聖書協会系の日本語聖書訳を味わいながら、また、その背後にある日本の歴史に触れ、当時の状況を味わうことができるように式文構成を考えた。

（2）研修会の閉会礼拝としての招きの言葉として考えたが、永眠者記念礼拝など、信仰の先達たちを記念する時に用いることもできるのではないか。その際には、信仰の先達者たちのことを思い巡らすような招きの言葉を考える必要がある。

のみとなりました。二〇一八年一二月『聖書協会共同訳聖書』が出版され、信仰の糧となる聖書の新しい翻訳が完成いたしました。この学びの糧を私たちはそれぞれの場へと持って帰ります。この学びの時が教育の場で、実践の場で、信仰の場でさらに豊かなものとなるように、そして、聖書の言葉が私たちの信仰の糧となることを願い、この閉会礼拝の時を守りましょう。

賛美　五八「み言葉をください(3)」

〈み言葉を受けて(4)〉

七つの訳を味わう――聖書翻訳の歴史と共に

一五四九年フランシスコ・ザビエルはラテン語の聖書と共に、マタイによる福音書の一部分を日本語に翻訳した写本を持ってきたと伝えられています。

ザビエルののちに来日したカトリック教会の宣教師たちによって聖書の翻訳が進められ、一六一三年ごろには新約聖書の全訳が完成し、京都で出版されたという記録があります。しかし同じ頃、徳川幕府の「禁教令」によってキリスト教が激しく取り締まられるよう

(3)「聖書は信仰の糧」との招きの言葉から、「み言葉をください」と始まるこの賛美歌を選んだ。礼拝の主題、たとえばそれぞれが生きる現実世界に目を向けることに注目するなら、『讃美歌21』の五一一「光と闇とが」など、礼拝の主題に応じて賛美歌も選びたい。

(4) 歴史の部分は司式者が、聖書箇所は学生にお願いして読んでもらった。司式者がすべて読んでもよいが、聖書箇所は参加者に読んでもらう方が、礼拝に参与している感じが出てなおよい。歴史の部分は、各教会史を追加してもよい。そうすると、聖書翻訳の歴史と共に、教会史をたどる礼拝とすることができるかもしれない。

になり、この時代の日本語訳聖書は失われてしまいました。
その後、時は一八三五年中国のマカオに赴任したドイツ出身のプロテスタント宣教師であるギュッラフは、尾張の漁民三名から日本語を学びヨハネによる福音書、ヨハネの手紙を日本語に翻訳し一八三七年に出版します。これがプロテスタントによる最初の日本語訳聖書と言われています。

約翰之福音傳（ギュツラフ訳）一・一―五（復刻版より）

ハジマリニ　カシコイモノゴザル。コノカシコイモノ　ゴクラクトモニゴザル。コノカシコイモノワゴクラク。ハジマリニコノカシコイモノ　ゴクラクトモニゴザル。ヒトワコトゴトク　ミナツクル。ヒトツモ　シゴトワツクラヌ　ヒトワツクラヌナラバ。ヒトノナカニイノチアル、コノイノチワ　ニンゲンノヒカリ。コノヒカリワクラサニカガヤク。タダシワ　セカイノクライ　ニンゲンワ　カンベンシラナンダ。

（黙想）(5)
この言葉を味わいつつしばらくの間、黙想いたしましょう。

(5) 黙想は、聖書箇所とその背後にある歴史（個人、教会等）を味わうために入れた。黙想は、三〇秒ほどとした。もう少し長くしてもよい。

一八五九年に来日したヘボンやブラウンなどをはじめとするプロテスタント各派の宣教師たちは日本語翻訳に努め、個人訳が作られるようになります。一八七三年になるとキリシタン禁令は撤廃されます。その結果、日本語訳聖書の出版機運が高まり、各派の宣教師たちの間で共同翻訳の方針が決議され、一八七四年に翻訳事業が始まり六年後の一八八〇年に「新約聖書」、通称「明治元訳」が完成し、現存する日本語の完訳新約聖書としては、これが最古のものとなります。

明治元訳《もとやく》聖書　約翰傳一・一―五（一八九九年版より）
太初《はじめ》に道《ことば》あり道は神と偕にあり道は即ち神なり　この道は太初に神と偕に在き　萬物これに由て造らる造れたる者に一つとして之に由らで造られしは無　之に生《いのち》あり此生《このいのち》は人の光なり　光は暗《くらき》に照り暗は之を曉《さと》らざりき

（黙想）
この言葉を味わいつつしばらくの間、黙想いたしましょう。

富国強兵、殖産興業、このスローガンのもとに日本の近代化が始まりました。一八八九年、関西学院が開学した同じ年に、大日本帝国憲法が公布されます。そして、一八九四年には日清戦争が、一九〇四年には日露戦争が、一九一〇年には大日本帝国による韓国併合が行われます。一九一四年になると第一次世界大戦が始まります。日本の近代化は戦争と共にあった歴史とも言えるのではないでしょうか。そのような中、明治元訳の改訳事業が一九一〇年からスタートし、一九一七年に新約全書が刊行されました。

文語訳聖書（大正改訳）ヨハネ傳福音書一・一—五

太初《はじめ》に言《ことば》あり、言は神と偕《とも》にあり、言は神なりき。この言は太初《はじめ》に神とともに在り、萬《よろづ》の物これに由りて成り、成りたる物に一つとして之によらで成りたるはなし。之に生命《いのち》あり、この生命は人の光なりき。光は暗黒《くらき》に照る、而《しか》して暗黒は之を悟らざりき。

（黙想）

この言葉を味わいつつしばらくの間、黙想いたしましょう。

戦争のにおいが立ちこめる中、一九二三年に関東大震災が起こります。一九二五年なると治安維持法が制定され、一九二七年には金融恐慌が起こります。一九三一年には満州事変が、また国家精神総動員法、国家総動員法など戦争に備えるための法律が次々と作られていきます。そして、一九四一年に太平洋戦争が始まり第二次世界大戦へとつながっていきます。一九四五年八月、原子爆弾が広島、長崎へと落とされ日本は終戦を迎えるのです。

一九四六年、日本国憲法が公布され、基本的人権、信教の自由がようやく認められた国民主権の国となりました。国の形も変わる中で、新たな聖書翻訳の動きが出てきます。今までの聖書は文語体。それに対して現代語である「口語体」で翻訳がなされた口語訳聖書です。一九五四年に新約聖書が完成しました。

口語訳聖書　ヨハネによる福音書一・一—五（一九五五年改訳より）

初めに言があった。言は神と共にあった。言は神であった。この言は初めに神と共にあった。すべてのものは、これによってできた。

できたもののうち、一つとしてこれによらないものはなかった。この言に命があった。そしてこの命は人の光であった。光はやみの中に輝いている。そして、やみはこれに勝たなかった。

（黙想）

この言葉を味わいつつしばらくの間、黙想いたしましょう。

一九六二年、カトリックでは第二バチカン公会議が開かれます。この会議によってミサで用いられる聖書がラテン語聖書から自国語聖書を用いることができるようになりました。その結果、聖書研究も盛んになされるようになり、聖書翻訳として、カトリック教会とプロテスタント諸教会の協力による最初の翻訳事業が始まります。それが共同訳聖書です。一九七二年から翻訳が開始され六年をかけて『新約聖書共同訳』が完成しました。

共同訳聖書　ヨハンネスによる福音一・一―五

初めに〈御言葉〉があった。〈御言葉〉は神とともにいた。〈御言葉〉は神であった。このかたは、初めに神とともにいた。神はこのかたによって万物を造った。造られたもので、このかたによらないで造られたものは何一つなかった。このかたの内に生命があった。この生命は人間を照らす光であった。この光は暗闇の中で輝いている。しかし、暗闇はこの光を理解しなかった。

（黙想）

この言葉を味わいつつしばらくの間、黙想いたしましょう。

共同訳聖書の翻訳方針の一つに固有名詞の原音表記がありました。この原則に則り翻訳作業がなされていたのですが、日本においてそれまで慣れ親しんできた言葉が変更されたりと混乱が見られ、再翻訳なされたのが一九八七年に完成した新共同訳聖書です。

新共同訳聖書　ヨハネによる福音書一・一―五

初めに言があった。言は神と共にあった。言は神であった。この言は、初めに神と共にあった。万物は言によって成った。成ったもので、言によらずに成ったものは何一つなかった。言の内に命があった。命は人間を照らす光であった。光は暗闇の中で輝いている。

暗闇は光を理解しなかった。

（黙想）
この言葉を味わいつつしばらくの間、黙想いたしましょう。

新共同訳聖書は日本のキリスト者の約八〇％が持っていると考えられ、またカトリック教会を含め教会での使用は七〇％だと言われています。しかし、訳語の不統一などの問題や、翻訳原則の揺れといった問題もあり、二〇〇五年には次世代に向けてどのような翻訳を行うのか検討が始まります。その結果、新たな翻訳理論に基づいた聖書翻訳を行うことが二〇〇八年に決議され、聖書協会共同訳の翻訳事業が二〇一〇年から始まり、二〇一八年一二月に新しい聖書翻訳が完成しました。

聖書協会共同訳　ヨハネによる福音書一・一―五
初めに言があった。言は神と共にあった。言は神であった。この言は、初めに神と共にあった。万物は言によって成った。言によらずに成ったものは何一つなかった。言の内に成ったものは、命であった。この命は人の光であった。光は闇の中で輝いている。闇は光に勝たなかった。

（黙想）

この言葉を味わいつつしばらくの間、黙想いたしましょう。

説教　「受け継いで歩む」(6)

私たちにとって聖書とはどのようなものなのでしょうか。今年度の神学セミナーはそのことについて深く考えさせられたものとなったのではないでしょうか。

翻訳も解釈の一つであること。今までの訳とは大きく違う翻訳がなぜ生じたのか。さまざまな学びと気づきがありました。聖書は私たちの信仰を養うものの一つです。私たちの信仰は信仰の先達から受け継いだものでもあると言えるでしょう。

今、私たちは七つの翻訳から同じ聖書箇所の言葉を味わいました。一八〇〇年代の前半、「ロゴス」という言葉は「カシコイモノ」と表され、「道」「言」一文字で言葉と表されるようになり、今に至ります。一八三〇年代、一八五〇年代、一九五〇年代、一九八〇年

（6）この閉会礼拝の終了後に、参加者の一人から、説教と言うには短すぎるとのご指摘をいただいた。三〇分という限られた礼拝の中だったので、メッセージ、あるいは黙想への手引きなどとしてもよかったかもしれない。実際の礼拝では一五―二〇分ほど説教をすると、この式文の内容で一時間ほどの礼拝となる。

代……私たちが受け継いできた信仰は大きく変化したのでしょうか。信仰の本質は変化してしまったのでしょうか。

「私」の信仰理解とは異なるから、「私」の現場の文脈とは異なるから……ではなく、信仰を深めるための、比較するための、多様な翻訳が私たちの前に開かれていることに気づきたいと思うのです。改めて、私たち自身の信仰と向き合う機会に、信仰の先達から何を受け継いできたのかを確認する機会を得たことを感謝して、それぞれの場へと神さまの祝福を受け、帰って行きたいと思うのです。

お祈りいたします。

祈禱

私たちの信仰を豊かに育ててくださる神さま、この学びの時を心から感謝し、それぞれの場へと戻って行くことができますように。

このお祈りを主イエス・キリストの御名によって御前にお献げいたします。アーメン。

〈み言葉を味わう〉(7)

聖句の分かち合い

(7) 礼拝に主体的に参加するために、この部分を入れた。今回は特に小さな折り紙(一〇〇色セット)があり、さまざまな色のものを用いた。礼拝に参加している者の多様性

どの訳、どの箇所でもかまいません。お渡ししている小さな紙にそれぞれがお好きな聖書の言葉を記していただきたいと思います。記していただいたものは、後ほど回収いたします。それでは、お書きください。

～書き終わったら～

それでは回収いたします。

～回収が終わったら～（右と左の籠を入れ替えて(8)）

一人、一つお受け取りください。

皆様がお書きくださったものが、別な方へと渡っていきます。ここに集った一人一人の御言葉が、別な方へと引き継がれ、散らされていきます。受け取られたら、開いていただいてそれぞれの聖書の言葉を味わってください。

を象徴すると同時に、一人一人が大切にしているさまざまな聖書の言葉の象徴とした。参加者にそれぞれ聖句を書いてもらい、一度回収して、再度配布することで、各自が大切にしている聖書の言葉を味わう時とした。また、それぞれが持ち帰ることによって、聖書の言葉が各地に広がっていくことをイメージした。

（8）右と左の籠を入れ替えるのは、自分のものが当たらないための配慮として行った。席の配置（たとえばコの字型にするなど）によっては、回収後の配布方法に検討が必要となる場合がある。

祈り
今私たちは、それぞれが書いた聖書の言葉が別な方へと渡され、受け継がれていきました。御言葉に生きる一人として、私たちを用いてください。このお祈りを主イエス・キリストの御名によって御前にお献げいたします。アーメン。

〈派遣と祝福〉
賛美　九一―一「神の恵み豊かに受け」

派遣(9)
御言葉を受け継いだ一人としてこの世へと出て行きなさい。

知恵のもとである神の愛と
主イエス・キリストの恵み
聖霊の働きがここに集った一人一人の上に、
集えなかった一人一人の上に限りなく豊かにありますように。
アーメン。

(9) 今回は神学セミナーの閉会礼拝であること、「聖書と現代」というテーマであることから、このような派遣の言葉としたが、それぞれの礼拝の主題に合わせて派遣の言葉を考えるとなおよい。

後奏

参考文献
門脇清・大柴恒『門脇文庫日本語聖書翻訳史』新教出版社、一九八三年。
鈴木範久「解説」「年表」、『文語訳新約聖書　詩編付き』岩波書店、二〇一四年。
『聖書　聖書協会共同訳について』日本聖書協会、二〇一八年。

あとがき

関西学院大学神学部・第五三回神学セミナーは「聖書と現代」と題し、二〇一九年二月一八日（月）～一九日（火）の日程で、関西学院大学上ヶ原キャンパスにて開催されました。

二〇一七年は宗教改革五〇〇年という節目だったこともあり、ドイツではルター訳聖書の改訂版が出版されました。これと並行して、日本でも同じ二〇一七年に「聖書　新改訳2017」が、二〇一八年には「聖書協会共同訳」が発刊されました。今回のセミナーはこうした近年の聖書改訳の動きを念頭に置いています。

新しい翻訳聖書にはすでに各方面からさまざまな意見が表明されていました。神学セミナーでは「聖書」を主題とするにあたり、これらの新しい翻訳聖書の批評に終始せず、より広い視野から改めて、現代に生きる私たちにとって聖書とは何かと問うことにしました。そこで今回は、例年のように外部講師による主題講演は行わず、関西学院大学神学部の教員のうち、旧約・新約・歴史・組織・実践の五分野から一人ずつが「聖書」について講演することにしました。参加者からは「いろいろな教員の話が聞けてよかった」という声をいただき感謝です。

他方で、現代における聖書という課題を、聖書が用いられるさまざまな現場の視点からも考えたいと思い、パネルディスカッションを行いました。聖書協会共同訳に尽力された島先克臣先生（日本聖書協会）には聖書翻訳者としての立場から、福島旭先生（関西学院中学部宗教主事）には学校で聖書を教える立場から、家山華子先生（日本基督教団三木教会牧師）には教会の牧師としての立場から、それぞれ聖書をめぐる現代の課題や将来の展望について語っていただきました。司会の浅野淳博教授がリードされ、パネリスト同士が互いの発言に刺激されて話を発展させることもしばしばあり、とても興味深い討論になりました。東京からお越しくださった島先先生、および福島先生、家山先生にこの場を借りて心より感謝申し上げます。

閉会礼拝は井上智助教が作られた式文により、さまざまな聖書の日本語訳を聴く機会となりました。その場にいた全員が自分の好きな聖句を書いた紙片を同じカゴに入れ、そこからまた一人一枚の紙を取って聖句を交換しました。今まで自分がほとんど気にかけたことのない聖句が書かれた紙を受け取った人もいるなど、改めて「与えられる」聖書の言葉を体験する時となりました。

今回も神学部補佐室の教務補佐の皆さん、および大学院神学研究科生の皆さんには、セミナー開催の実務とブックレット作成業務全般にわたりご活躍いただきました。ありがとうございます。また、ブックレット出版にご尽力いただいたキリスト新聞社の方々にも感謝申し上げます。

二〇一八年度　神学部学外講座委員会

関西学院大学神学部ブックレット12
聖書と現代
第53回神学セミナー

2020年1月20日　第1版第1刷発行

編　者　関西学院大学神学部
著者　水野隆一、東よしみ、岩野祐介、淺野淳博、島先克臣、
福島 旭、家山華子、加納和寛、中道基夫、井上 智
発行所　株式会社　キリスト新聞社
〒162-0814 東京都新宿区新小川町9-1 電話 03(5579)2432
URL. http://www.kirishin.com
E-Mail. support@kirishin.com
印刷所　モリモト印刷株式会社

ISBN978-4-87395-771-5　C0016（日キ販）　Printed in Japan